Pob dymuniad da

CWSG

am dro ac yn ôl ...

CWSG

am dro ac yn ôl ...

MENNA ELFYN

Gomer

Nid llyfr ymchwil mo hwn a fydd yn rhwyddhau cwsg.
Ni cheir cynghorion meddygol o fath yn y byd ynddo.
Llyfr ydyw sy'n oedi uwchben y thema 'cwsg' gan ail-weu
hanesion go iawn, ond gan ymestyn y dychymyg i'r eithaf
yn ogystal, fel a ddigwydd yn ystod ein byd o gysgu.
– Menna.

Cyhoeddwyd yn 2019 gan Wasg Gomer, Llandysul, Ceredigion SA44 4JL

ISBN 978-1-78562-298-4

Cyhoeddwyd â chefnogaeth ariannol Cyngor Llyfrau Cymru.
Diolch i Gyngor Celfyddydau Cymru am wobr Cymru Greadigol 2009.

Argraffwyd a rhwymwyd yng Nghymru gan Wasg Gomer, Llandysul, Ceredigion.

Er bod y rhan fwyaf o'r straeon yn y gyfrol hon wedi digwydd, ni ddefnyddir enwau pobl go iawn.

I Dr Philip a Meril Davies, am bob
croeso clyd oddi cartre yn America.

MATRYD

CWSG AM DRO...

Cam byr rhwng y crud a'r gwely olaf.

9

Y BARDD DI-GWSG

Fy mherthynas â chwsg dros y blynyddoedd.

14

GWYLL

Noswylio. Cwsg. Diffyg cwsg. Breuddwydio.

27

SWYN

Dirgelion cwsg. Natur. Chwedlau. Yr arallfyd.

53

TIR

Cwsg ar draws y byd.

73

POBL

Profiadau personol; yr enwog a'r cyffredin.

99

GWÊN

Straeon am gwsg, i godi gwên.

125

GWAWR

Deffro. Canfyddiadau. Clo.

161

...AC YN ÔL

Cofiwch eich breuddwydion.

167

CWSG AM DRO...

CYFLWYNIAD

Dau fath o bobl sydd: y rhai sy'n gallu cysgu a'r rhai sy'n methu'n lân â gwneud. Pan enir baban, un o'r cwestiynau cyntaf a ofynnir i riant newydd yw, 'sut mae'n cysgu?' Caiff yr ateb ei weld fel 'hunfesurydd' bywyd dedwydd os yw'n gysgadur esmwyth. Ond mae mwy i fywyd na chysgu, er bod bywyd yn dibynnu ar gwsg.

Mynd i gysgu yw mynd ar wyliau ar eich pen eich hun. Hwyrach na fydd neb arall yn dangos llawer o ddiddordeb yn yr hyn a welsoch yno. Efallai mai dim ond fflachiadau o ddigwyddiadau y medrwch eu cofio. Byddai'r cerdyn post yn dwyn neges syml, 'cael amser da, nôl cyn bo hir.' Yn ôl y dewch i fyd y bobl effro.

Gweithiwn blanedau ein hunain bob nos wrth gau llygaid, er mai lansiad unigolyddol yw o'i hanfod. Ai am ei fod yn weithgaredd preifat y cawn storïau pobl eraill am gwsg yn anniddorol? Maent mor afloyw â ffenest siop betio.

Ar drên yn ddiweddar, roeddwn yn darllen y llyfr diweddaraf am gwsg. Wrth adael yr orsaf, trodd teithiwr ataf, un a fu'n eistedd gyferbyn â mi, gan ofyn os oeddwn wedi cael hyd i'r ateb. Edrychais yn syn arno. Yna, dywedodd y gair allweddol, 'breuddwydion' cyn gofyn eto. Gwawriodd arnaf mai teitl y llyfr oedd *Why we Dream*. Wrth gamu oddi ar y trên, safodd ar y platfform, a heb frys yn y byd, mynnodd ddweud wrthyf yr un freuddwyd a gawsai yn gyson. Yn y pum munud hwnnw, arllwysodd i mi hanes ei fywyd a'r ofnau a ddeuai iddo yn ei gwsg. Wrth ffarwelio â mi, synhwyrwn ryddhad ar ei wyneb, a dechreuais feddwl y gallwn fod wedi gwneud ymchwil am flwyddyn ar drenau, awyrennau a bysus, er mwyn echdynnu myfyrion dyfnaf teithwyr o bedwar ban.

Cydiwch mewn unrhyw gylchgrawn poblogaidd a chewch ddadleniad newydd am 'gwsg'. Yn aml, maent yn ennyn gofidiau gan eich holi ynghylch eich problem gysgu. Hynny yw, mae 'problem' gennych! Maent yn cynnig ateb syml. Yn taeru bod gwyddoniaeth yn ei gadarnhau. Y rhagdyb yw: y gellir gwella'ch cwsg mewn chwinciad neu drwy ribidirês o gynghorion. Rhai ohonynt mor syrffedus nes gwneud imi ddymuno gorwedd lawr a dylyfu gên.

I'r pegwn arall, mae llyfrau yn ein hannog i ystyried cwsg yn ffordd o ddiogelu ein hiechyd. Cawn enghreifftiau o Thatcher i Reagan a'r dementia a ddaw o fethu â glanhau'r corff o'i falurion. Ond wrth i seicolegwyr ddatgan hunan-les cysgu, llwyddir i'n gwneud yn fwy pryderus am ein meidroldeb ac o ganlyniad ceir hyd yn oed ragor o declynnau i gofnodi oriawr cwsg fel darllen amserlenni trenau. Tybed nad yw'r straen o ddynodi'r oriau y dylid cysgu drwyddynt yn ychwanegu at ormes ein byw a'n bod beunyddiol?

Dros y blynyddoedd, pan na allwn gysgu, gorweddwn ar ddi-hun yn meddwl am y bobl eraill a fethai gysgu ar yr un pryd â mi oherwydd gofid, gwaith, colled neu fyrdd o resymau eraill. O'm rhan fy hun, ar drothwy gwaith creadigol, cawn drafferth i ymollwng â'r gwaith nes ei gwblhau. Mae 'dwys' yn efaill agos i anhunedd. Wedi'r cyfan, mae graddfeydd o anhunedd, rhai yn ddifrifol a rhai a ystyriaf yn ddwys. Y cyfnod hwnnw o fyfyrdod, syniadau'n afradloni nes fy anesmwytho. Sut mae gollwng gafael arnynt? Cydio mewn erthygl neu stori wib a gymer bum munud i ogleisio'r meddwl cyn bwrw yn ôl i gysgu yw un ffordd hawdd o ymryddhau. Dyna fy nod wrth lunio'r gyfrol hon.

Myfyrion y diwedydd sydd yma. Gogleisiau sydd wedi fy nghadw'n effro, yn ddiddig, weithiau'n rhwystredig, wrth geisio dygymod â'r testun cymhleth sydd wedi fy nghyffroi ers own i'n blentyn. Gallaf gofio bod yn un ar ddeg mlwydd oed yn methu â chysgu yn y Mans ym Mhontardawe gan edrych allan ar yr Allt-wen a meddwl, beth oedd y tu hwnt i'r gorwel i mi fedru ei anturio? A fyddai'n sbri i allu gadael y tŷ a cherdded allan i'r nos i ymuno gyda chreaduriaid bach eraill a fyddai'n effro fel fi?

Mae llawer o'r hanesion yn y llyfr hwn wedi egino o ddigwyddiadau ffwrdd-â-hi mewn papur newydd yn bennaf. Storïau canfod ydynt fel y *found poetry* a wnaeth beirdd y *Beats* yn America yn enwog. Cwsg, wedi'r cyfan, yw un o'r tiriogaethau dirgel olaf i'w concro. Rydym oll yn wystlon iddo. Ond a ddymunwn wybod ei holl gyfrinion, neu ai dyna yw ei rin? Cael deffro yn foreol gyda 'chalon lân', pa ddaioni bynnag a gafwyd, neu anfri a wireddwyd, dros nos. Hwyrach mai ei ddirgelwch yw un o gyfrinachau mwyaf bywyd.

Mae rhywbeth am y testun 'Cwsg' sy'n cyniwair myrdd o deimladau cryfion ynom. Bydd ambell un yn ei anwesu'n rhodd ac un arall am ei felltithio. Onid yw'n gam byr rhwng y crud a'r gwely olaf yn nhreigl amser?

> *Llyfr am ganfod tawelyddion syml i groesawu cwsg*
> *yw hwn; darllen hamddenol, ceirios cyn cysgu, llaeth*
> *cynnes, nytmeg, baddonau'n llawn dafnau o swynion –*
> *defodau i wahodd cwsg, perffaith gwsg.*

Y BARDD DI-GWSG

Wrth gysgu yr ydym oll yn feirdd. Ar ôl gorwedd a nosdawchio y daw'r cyffroadau mwyaf yn ddelweddau a throsiadau. Ond i ble yr aiff ein breuddwydion? A yw'r rhai y breuddwydiaf amdanynt yn fy mreuddwydio innau mewn cyd-ddigwyddiad? Pobl yn aml a ymddieithrodd o'm byd. Beth pe bai'n rhaid i bob breuddwydiwr yn ôl deddf gwlad gyffesu ar goedd ei freuddwyd?

Traddodiad a geir ledled y byd yw adrodd neu ddarllen stori i blant cyn cysgu. Hwyrach ei fod yn fodd o roi lluniau yn eu meddyliau i'w llonyddu gan lywio eu dychymyg.

Ofnwn innau dduwch y nos ond cofiaf am gysur fy mam yn darllen ac yn canu'r nos yn olau.

Ni ddeallwn yn blentyn, ystyr y sylw 'Cwsg am dro, cwsg am dro' yn y garol boblogaidd 'Suai'r Gwynt'.

Erbyn heddiw, deallaf yn iawn bod cwsg ar gerdded ynom.

'Esmwyth cwsg, cawl erfin' – un o'm hoff ddiarhebion gan imi gymryd mai 'esmwyth cwsg, cawl *elfyn*' oedd yr ystyr pan oeddwn yn fychan, cyn sylweddoli mai cyfeirio at y dyn tlawd sy'n medru cysgu'n dda, fel 'esmwyth cwsg, potes maip' ydoedd, am nad oedd arno unrhyw ddyled i neb wrth fyw'n ddarbodus.

Yn blentyn, bu bron imi ddienyddio fy hun yn fy nghawell. Un noson pan oeddwn yn flwydd a hanner, mi geisiais dorri'n rhydd o gaethiwed y gwely – y 'cot', drwy wthio fy mhen drwy'r slats. Wedi gweiddi a chrio, clywais lais fy mam yn dod i'm cysuro. Gallwn ei chlywed, ond heb allu ei gweld, gan fy mod yn wynebu wal a hithau o'r tu ôl imi. Bu'n rhaid cael gafael ar lif – a llifio'r slaten yn rhydd. Chysges i ddim yn dda wedi hynny am nosweithiau lawer.

Cawn fy anfon i'r gwely yn gynnar am saith o'r gloch a dyna pryd y ces flas ar ddarllen llyfrau – hynny a philo papur wal wrth ochr fy ngwely – nes ei fod yn dwll go fawr. Segurdod yw adnod y sawl na all gysgu. Byddwn yn cerdded y landin hefyd yn ceisio clustfeinio ar yr hyn oedd yn digwydd islaw yn y gegin – yn camglywed yn aml,

siŵr o fod. Ond mae yna rin i blentyn bach yn y bywyd arall hwnnw sy'n digwydd i rieni hebddyn nhw. 'Ble oeddet ti os nad own i?' Geiriau fy mab pan oedd yn fychan. 'Galwad y llenni' yw'r sylw am y plentyn sy'n mynnu codi o'i wely gan ddod i lawr yn wastadol am gysur rhiant. Nid yw 'gadewch i blant bychain ddyfod ataf i' yn eiriau y mae rhiant blinedig ar ddiwedd y dydd am eu clywed na'u credu.

Bocsrwm, y stafell leiaf ar gyfer y cyw melyn olaf. Dihunwn yn gynnar bob bore ac yna sleifio i mewn i stafell Mam-gu Tymbl. Roedd honno wastad yn barod i'm croesawu. Byddem wedyn yn chwarae 'pabell' gan daflu'r cynfas drosom a dychmygu ein bod mewn mannau pellennig yn cael gwyliau cynnes braf. Ond doedd dim modd osgoi gwybod mai ar ben y Mynydd Du yr oeddem, gan y byddai hi bob amser yn casglu cnu'r defaid oddi ar y weirennau pigog pan aem am dro yno. Yna, dychwelai i'w gwthio, neu ei 'saco' i gwilt a wnâi o sbarion defnyddiau. Yn aml, roedd blas a sawr y mynydd arno, mawn yn gymysg â biswail y defaid. Ond aroglai'r gobenyddion o'r lafant y byddai'n ei wisgo bob dydd o ryw botel fawr ar ymyl y ffenest. Tybed a wyddai hi fel gweddill ei chenhedlaeth bod lafant hefyd yn swyngyfareddwr i gwsg?

Dechreuodd fy niffyg cwsg pan oeddwn yn ddisgybl mewn ysgol gyfan gwbl Saesneg o ran iaith ac ethos. Symud ysgol o Gwm Tawe i ysgol yn nhre Caerfyrddin oedd dechrau fy ngofidiau. Byddwn gyda'r nos yn dychryn wrth feddwl am y diwrnod oedd i ddilyn. Pan glywaf am ambell farwolaeth oherwydd bwlio, gwingaf dros eu gwewyr. Deallwn yn iawn, 'Cwsg ni ddaw i'm hamrant heno, dagrau ddaw ynghynt' – John Morris-Jones. A lle da yw gwely i arllwys eich dagrau yn y dirgel. Oes gwewyr sy'n waeth na'r gwely unig? Ond nid serch a'm cadwodd yn effro, ond dibendrawdod bywyd ysgol.

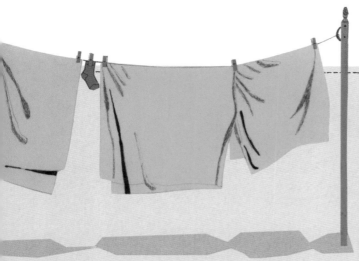

Yn y coleg, roedd aros ar ddi-hun drwy'r nos yn cael ei ystyried yn beth arwrol i'w wneud. Weithiau, byddai'r weithred yn fwy dymunol na'i sgil effaith. Ond cyfnod o drafod a dadlau a threulio'r oriau'n llosgi deupen y gannwyll oedd cyfnod llencyndod. Hawlio'r nos am y gallem, pan nad oeddem yn cuddio y tu ôl i gloddiau wrth dynnu arwyddion.

Yn aml, ar nos Sadwrn, byddwn yn clywed drws y tŷ'n cau a gweld osgo fy nhad, dim ond ei gysgod yn gadael drwy'r iet. Fore wedyn, ef oedd y cyntaf i godi i fynd i gynnal gwasanaethau yn y capel. Ni ddywedais air am ei ddiflaniad yn y gwyll nes iddo ei hun, yn bedwar ugain mlwydd oed, ddweud wrthyf am ei siwrneiau ambell nos Sadwrn. Câi alwad ffôn oddi wrth un o aelodau'r capel pan ddychwelai ei gŵr o'r dafarn a dechrau ei churo. Ond pan ymddangosai fy nhad wrth ddrws y cartref, diflannai'r gŵr fel oen di-nam i'w wely. Roedd y cennad dros Grist wedi ei sobri.

Wrth orwedd yn y gwely yn methu â chysgu, rwy'n meddwl am yr holl gynfasau gwely a olchais neu a osodais ar welyau yn ystod fy mywyd. Shiten. Shîts! Llieiniau. Cynfasau dwbl, cynfasau wedi eu ffitio – rhai neilon afiach oedd yn glynu at y croen, rhai cotwm, satin, bambŵ a'r moethus sidan. Rhai percâl o'r Aifft. Dylid eu newid bob saith niwrnod yn ôl rhai. Haws dweud weithiau na chofio gwneud.

Plygu cynfasau gwely oddi ar y lein ddillad ar gais fy mam a wnawn. Honno, lathen neu ddwy oddi wrthyf a ni'n dwy yn eu plygu ar yr un pryd, nes cwrdd yn y canol. Oriau wedyn, clywed stêm yr haearn smwddio yn eu cynhesu o'r awelon ac yn llyfnu holl rychau bywyd. Cyn diwedd y dydd, eu gosod ar welyau, y tro plyg triongl angenrheidiol o'r pen ac ar waelod y gwely fel y troent yn daclus o dan y matresi, cyn llenwi'r casys gobenyddion a'r clustog hirgul ar draws y gwely. Y llieiniau yn gras a'r chwaon o awelon ar eu bochau. Stilio esmwythdra.

Yn blentyn, meddyliais yn aml pa fath o lieiniau oedd yn nwylo'r gwragedd a aeth at fedd yr Iesu? Dysgu dyletswydd. Anwesu defod. Chwiorydd gynt a wyddai sut oedd cwrdd yn y canol.

Heddiw, cynfasau gwely'n strim-stram-strellach mewn peiriant golchi a'u crasu'n dwt neis heb ôl na bys na bawd. A chyda thymheredd y byd

yn codi – tybed na ddaw'r dydd y dychwelwn at y cynfyd. At fesur llaw, amcan llygad a thorchi llawes. Ar lein fregus y cread. Onid oes yna wragedd ar draws y byd o hyd yn golchi eu dillad gwely gyda charreg lefn ar lan afon yng ngolau'r lleuad, wrth ofalu am eu llieiniau gyda balchder?

Fel bardd, myn trefnwyr darlleniadau eich lletya weithiau. Bydd ambell gartref yn groesawgar. Ond ambell dro, byddai'r trefnydd yn byw mewn man anial ac yn cyfaddef wedi ichi gyrraedd, gadael eich bag dros nos yno, i'w wraig newydd ei adael a'i fod yn falch iawn o'i ystad newydd – sengl. A chewch eich dal mewn magl ac mewn man rhy ddiarffordd i allu dianc oddi yno ar droed. Byddwch yn cadw ar delerau da gyda'r sawl fydd yn eich gyrru i'r darlleniad ac yn eich talu ar ddiwedd y daith. Ond byddwch yn dyheu am y bore bach ac am allu baglu o'r fan a'r lle fel cath – o 'gythraul'.

Mewn gŵyl lenyddol, nid anenwog, gadewais fy mag dros nos yn y lletty lle roeddwn i fwrw'r penwythnos gydag un o ffrindiau'r ŵyl. Rhoddodd y wraig gyfeillgar allwedd i mi allu mynd a dod fel y mynnwn. Cofiais, wedi cyrraedd yr ŵyl, i mi adael llyfr yr oeddwn i ddarllen ohono ar ôl yn y lletty. Pan euthum i'r llofft, dyna lle roedd gŵr y tŷ yn dal fy ngwisg nos o'i flaen ac yn edmygu'i hun yn y drych. Daliodd ein llygaid yn yr adlewyrchiad. Dyma oedi am ennyd, ei lygaid ef yn chwilio fy rhai i am ryw ymateb. Gwenais yn gynnes, a gwenodd yntau.

Cyfnod ffawd a bawdheglu yn y chwedegau. Cyrraedd Iwerddon a thre Tralee. Dim lle mewn lletty oherwydd yr Ŵyl fawr yno. Ceisio cysgu yn yr orsaf drên gyda chriw o ddieithriaid tebyg nes i'r heddlu ein symud. Gorwedd wrth fynedfa siop fawr fel yr unig ddewis am lawr fel gwely. Deffro wrth i wraig a gŵr gamu drosom ar eu ffordd i'w fflat uwchben. Deffro yr eildro i glywed anadl trempyn yn gorwedd o'r tu ôl imi ac yna gyfaill yn cyrraedd yn gweiddi 'Paddy!' gan ddweud fod ei wraig yn ei ddisgwyl i fynd adre. Codi a cherdded ymlaen!

Cysgu mewn cell yn y carchar.
Y ferch drws nesa yn canu, allan
o diwn, wrth wrando ar ei radio fach.
    Dyma ran o gerdd a luniais amdani:

Drws Nesa
[...] a thrwy farrau'r nos bûm yn wystl
i Atlantic 252. Ym meddylu am Iwerydd
lle cawn gyfle i gwffio â'i thonnau
ond tonfedd cariad sydd yma ...

... Eto, hi a gân y gytgan yn drahaus o
drachefn,
nid parodi mohoni—rhwng parwydydd
clywed ei llais yn llawn paratoadau
am nwydau sy'n dinoethi'r nodau.

... Pa ots felly mai aflafar yw'r llais?
Perthyn ydym oll i'r unsain.
Ac felly er mor ansoniarus yw'r gân
... ysu wrth ddrysu am unawdydd
a fedr ganu ar gnawd. A dioddef ei felan
a'i blŵs. Glasach yw ei gadael.
Geneth ar goll yn y gwyll

a hymian gyda hi allan o diwn
yng nghadwyni ei halawon main.

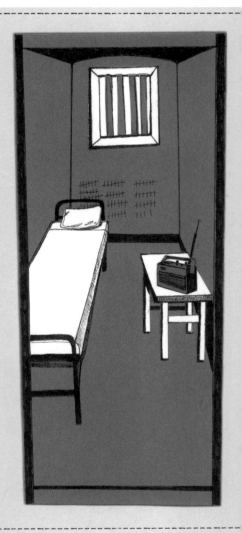

Gwesty yng Ngwynedd. Deffro yn yr oriau mân i glywed ystwyrian yn y stafell a gweld cysgod rhywun yno. Fy nghymar wrth fy ochr yn cysgu'n sownd. Codi a sbio o gwmpas. Ymhen chwinciad gweld dyn ar falconi yr ystafell wely yn disgyn i lawr a rhedeg i ffwrdd. Fy mag wedi ei daflu o'r neilltu a'r pwrs wedi mynd. Galw'r heddlu. Canfuwyd fy nghardiau credyd ar y stryd yng Nghaernarfon, oriau yn ddiweddarach.

Mater o drafodaethau yw cwsg wedi i'r plant gael eu geni. Roedd un yn cysgu'n ddi-lol a'r llall fel deryn yn y bore bach am bump o'r gloch. Gwthio bygi, hyd yn oed yn yr eira, er mwyn i weddill y teulu gael llonydd i orffwys. Mynnai'r hynaf y dylai fynd i'r gwely yn hwyrach na'r ifancaf – a gwnaed cytundeb y câi estyniad o hanner awr yn hwy. Ond o ganlyniad, byddai'r lleiaf ar ben y grisiau gyda chloc larwm wedi ei osod am 9 o'r gloch, sef yr amser y dylai'r llall noswylio. Weithiau,

galwai rybuddion ymhell cyn i'r larwm ganu, gan weiddi 'Amser gwely.' Yn y diwedd, cafwyd cytundeb y gallai'r ddau noswylio ar yr un pryd, ar ôl i'r hynaf fargeinio y dylai hynny ddigwydd hanner awr yn ddiweddarach, am 9.30 o'r gloch.

Daw adeg pan fyn plant gysgu gyda phlant eraill, er bod cwsg ymhell o'u gafael. Rhyw gysgu trwy'r trwch ac un o bob pen i'r gwely yn aml pan nad oes rhiant o gwmpas. Deffrôdd un o'r plant unwaith gyda bysedd traed plentyn arall yn ei thrwyn. Rhyw rialtwch fel yna oedd rhan o ddifyrrwch cwsg yn nheyrnas diniweidrwydd.

Pan na allwch gysgu, twll yw twll yn y tywyllwch. Pydew. Caewch eich llygaid a dyna'r hyn a welwch yw twll du, y *black hole* gyda chorongylch o oleuni o'i gwmpas. Canol nunlle yw. A'r bore mor bell. Aeonau i ffwrdd.

*

Ni wiw i mi enwi'r bilsen o siop
iechyd a fu'n achubwr unwaith.
Cysgwn fel pathew un adeg gan foli'r
tabledi hawdd-eu-cael fel rhai hawdd-
prynu-cwsg. Nid cyffur i'm caethiwo
mohono. Ond pan ddangosais y botel
i wyddonydd o fri, chwerthin a wnaeth.

'Beth sy,' meddwn i, 'oes na
rywbeth drwg yn y tabledi?'

Atebodd yn gwta, 'Letys,
dyna'i gyd.' Bu'n chwerthin drwy'r
bore wrth feddwl amdanaf yn cael fy hudo
i gysgu gyda llysieuyn mor syml â letys y
medrwn ei dyfu yn yr ardd. Fel y letys
soporiffig yn un o chwedlau Beatrix Potter.

*

Tabled arall o siop iechyd ... O am y
goleuni a ddaw i mi gyda'm cyfaill sy'n
fodlon mela gyda'm anhunedd. Dyma'r
wyrth ar dafod, y blaned wen a dawdd
mor hawdd i roi'r fath gwsg im ac af ar
loeren i deyrnas ebargofiant a swatio
yno'n archwilio'r sêr yn eu gogoniant.
Pwy a ŵyr nad wyf yn eu hailenwi cyn
deffro fel seren wib fy hun. Onid llwch
sêr ydym wedi'r cyfan? 'Cwyd y seren fore
i'm goleuo,' eto. Ac eto. Fy nhabled, amen.

'Gwylad' yw'r gair a ddaw ar
wefus pawb yn eu tro. Eistedd
wrth erchwyn gwely un sydd ar
fin ymadael â'r byd hwn. Gwylio'r
ystwyrian, y deffro ysbeidiol, y
codi dwylo fel pe'n ceisio cymuno
gyda rhywrai o fyd arall. Ystum
sy'n wybyddus yw'r ymgais i gribo'r
gorchudd. Dyma'r cwsg y derbyniwn
yn anfoddog wrth weld y darpar
ymadawedig yn cychwyn ar ei daith.
Gollyngdod llwyr wedyn, a'r anadl olaf
megis cannwyll yn diffodd wrth iddo
gyrraedd cwsg tragwyddol.

Cwsg yw'r deyrnas olaf y
meddiannwn ar ein pennau ein
hunain. Y cae nos. Cwm plu. Dyffryn
dedwyddwch. Broydd breuddwydion.
Anialwch hunllefau hefyd. 'Cae ochr
draw,' yw'r dywediad am rywun sâl,
ond mae yr un mor gymwys wrth sôn
am rywun yn gadael y cae hwn o fyd.

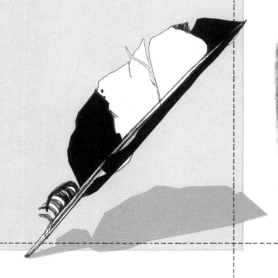

GWYLL

Teyrnas i'r anhysbys ac iaith ddistaw yw'r gwyll.

LLOER

Gorwedd yn eich gwely a chwsg ymhell. Codwch. Ewch allan at y lloer, dychmygwch eich bod yn Tsieina pan oeddent yn dathlu ei llewyrch gyda chacennau lleuad, gwin reis, cyn gwylio'r gwningen. Ewch yn ôl, dadwisgwch eto a bydd llaw y lloer wedi eich tylino, eich cyffwrdd â chysgadrwydd.

○ Bendith o dan y bondo.

HYPNOS

Pwy oedd y cysgwyr cyntaf oll? Teulu a
thylwyth niferus oeddynt. *Hypnos*, duw
cwsg (neu *Somnus*) a'i efaill *Thanatos*,
duw marwolaeth yn yr isfyd, yr annwn
hwnnw. Ni welodd yr haul yn codi.
Diolch i *Oneiroi*, duw breuddwydion
am gipio cryn dipyn o lewyrch yn ei dro.
   A'u hetifeddiaeth? Hwyrach iddynt
godi o'u cwsg mewn ogofâu gan daflunio
eu breuddwydion ar furiau yn Lascaux
a Corvet. Artistiaid cyntaf dynol-ryw
yn dysgu eu crefft ar lun storïau.

Deuddyn sy'n sgwrsio a gwrando,

NOS FORE

Plentyn sy'n methu â chysgu, sy'n mynnu ei bod hi'n 'nos-fore'.
I blentyn, onid yr un amser sydd i'r nos fel ag i'r bore, ar ôl deffro?

O wrych ei wâl, dôi ef fel bele
i chwilio clydwch ar wib o'i oerle,
nid oedd hi'n wyll na chwaith yn ole
Ond mynnai ef ei bod hi'n 'nos-fore'.

O'i adain ar gynfas, cyffylog am gyfle
i daflu ei hun ar led yn un â'r wybren
yn damsang ar y wawr wrth fynnu cynnau
glas y dydd i ni – iddo ef yn 'nos-fore'.

Pa bryd yw'r nos i blentyn mewn cawell?
Pa hyd sydd i'r bore, un ar frys i'w gymell?
Ai cwsg sy'n oriog wrth iddo'n deffro a'n dysgu
mai nos-fore yw – pa ffolineb yw cysgu?

Ac yng nghaddug yr hirnos, onid ef ŵyr ore,
Rhwng gwawr a gwyll – ei bod hi'n nos-fore.

- - -

adeiniog bonblu'n cydbyncio.

- - -

GALWAD Y LLENNI

Y dywediad am blentyn yn methu â chysgu.

Y dod i lawr defodol
ar ôl noswylio,
mynnu bisgïen,
dim ond un,
wedyn daw'r sws
(y drydedd).
Mynnu na ddwedes
'Nos da' – gyda gras.
Tawelwch yn troi'n waedd
sy'n waeth
wedi eiliad o hoe.

Galwad y llenni
yr actio i'r amrant olaf
araf
rhan 'arwr fy mywyd',
diafol – pryfociwr,
enynnwr fy llid,
dadmerydd fy oerni.

Ninnau, clyd ŷm a chryno,

Cwsg – am dro ac yn ôl ...

A swcro iddo'r sicrwydd
fy mod yma,
i lawr y staer
pit-pat yn lle pader—
rho dy ben bach lawr i gysgu,
os caf fi fyw i weld y bore.

Yna, distawrwydd
a'r awr ymollwng
tangnefedd ar ddau dalcen;
a dyheu a wnaf
am eu deffro i ddweud
mor falch wyf
fod yna Grëwr a alwodd heibio
gan adael 'i blant bychain ddyfod ataf i.'

ein mawl ar wefusau yno,

LARWM

'Coda,' oedd y gair boreol yn ei glust wrth i'w fam geisio ei ddeffro. 'Fyddi di'n hwyr,' oedd y geiriau a ddilynai'r waedd gyntaf. Ceisiodd agor ei lygaid cyn eu cau eto. Doedd dim ffordd o gwbl y gallai godi o'i wely ag yntau heb gysgu nes ei bod hi'n dri o'r gloch y bore.

Eiddigeddai at y rhai a allai fynd i'r gwely am ddeg a chysgu ar unwaith drwy'r nos tan y bore. Iddo ef, yn yr oriau hwyr hynny y teimlai y mwyaf egnïol. A hyd yn oed pan geisiai gydymffurfio a chlwydo am ddeg o'r gloch, crwydrai ei feddwl i bob man ond i dir cwsg. Byddai'n codi, yn amlach na pheidio, i wneud paned, tsieco sgrin y tabled cyn ceisio gorwedd yn llonydd a chysgu.

'Am y canfed tro, coda wnei di, neu fe fyddi di'n hwyr.' A chan lusgo ei goesau dros erchwyn y gwely, cododd, a chyda'i wynt yn ei ddwrn, brasgamodd i gyrraedd y bws.

'Beth sy'?' holodd ei dad un dydd. 'Cael fy ngalw'n ddiog,' meddai, 'Ond dim ond ar ôl cinio rwy'n teimlo fel 'mod i ar ddi-hun.'

Edrychodd ei rieni ar y we a darllen yn helaeth am gyflwr a flinai lanciau a llancesi ar eu prifiant. Roedd angen mwy o gwsg arnynt na gweddill y boblogaeth. 'Cyflwr y blaidd,' ydoedd yn ôl yr arbenigwyr – ac nid oedd ar fai. Roedd llesgedd llencynnaidd yn rhan o'i gynhysgaeth. Nid diogyn mohono,

bendith yw byd y bondo.

na llibyn diofal. Roedd pendil ei gloc mewnol yn wahanol i rai oedolion.

Eiriolodd ei rieni drosto, gan fynnu na allai gyrraedd yr ysgol mewn pryd. Wfftio hynny a wnaeth y Prifathro, gan fynnu bod pawb arall yn medru cyrraedd yr ysgol yn brydlon. 'Nid dyna'r pwynt,' meddai ei dad. 'Dyw pawb ddim yn tycio'r un fath. Pe baech yn cynnig arbrofi, fe welech ganlyniadau arholiadau'n gwella a'r ysgol yn codi'n uwch yn y rhestri safon.'

'Wna i gysgu dros y mater,' meddai gyda gwên. A chwsg gafodd y gair olaf. Deffrôdd gyda her i'r llywodraethwyr.

Iechyd ieuenctid, afiechyd henaint yw cysgu llawer.
– Hen ddihareb

Pa fyd gwell nag yma'n huno

MURMUR

Sut mae cerdded yn ddistaw?
heb waedd yn y gwyll
na'r un cysgod erchyll,
a throedio'r byd hwn fel pe bai
baban yn cysgu yn y stafell drws nesa'
fel y rhown y byd rhag iddo ddeffro ...

*

Sut all mam gysgu
drwy storm enbyd
ond deffro i wich leiaf
ei hanwylyd?

*

heb ofn gerllaw wrth ddeffro?

CNU

Bu am flynyddoedd yn cyfrif defaid cyn mynd i gysgu. Ond nid yn y gwely y gwnâi hynny, ond ar un o'r mynyddoedd uwchlaw Ardal y Llynnoedd. Collai ambell ddafad yn ddisymwth, ac ni allai neb ddeall yn iawn sut y byddai ambell oen yn diflannu oddi ar wyneb y ddaear heb na chigfran na chreadur rheibus wedi gadael ei ôl ar y mynydd. Heno, fodd bynnag, nid oedd eisiau iddi gyfrif defaid – dim ond cyfrif yr arian a gâi am eu cnu. Bu'n adeg o lymder, gyda phris y cnu wedi gostwng i'r fath raddau fel nad oedd pobl yn dymuno cael eu gwlân ar gyfer carpedi mwyach.

Na, roedd y gwlân hwn yn llawer mwy dedwydd meddyliodd, wrth gofio'r ffeibrau gwydn oddi tano. Roedd cysgu ar fatres a wnaed o wlân y defaid y bu'n eu cyfrif yn eu trigleoedd ar y mynydd yn fwy na digon i roi iddi freuddwydion clyd – mor wahanol i'r hen nosweithiau garw yn y gwynt a'r glaw. Ailenwodd ei gwely – 'y gorlan' o barch at y cenedlaethau o ddefaid a fu o dan ei gofal.

Hafod a chorlan wahanol oedd iddi heno a neb yn dod ar gyfyl ei chartref yn y dyffryn. Adeg wyna oedd hi a chenhedlaeth newydd o fugeiliaid ar y bryniau. Ond gorweddodd yn fodlon gan wybod, er y newid ddaeth o rod i rod, fod ei phraidd yn cynnal ei gwely a phob dafad wedi ei chneifio'n ogoneddus, gan roi iddi gwsg moethus.

Gwên cymar ar awr blygeinio,

Gwyll

RHO DY LAW

Ond doedd e ddim mor syml â hynny. Trodd ei phen a bu bron iddi golli ei hanadl. Cadw ar ddi-hun sy raid. Dyw hi ddim ar ben arnom.

Hoffai pe bai modd iddi gredu'r gosodiad. Y lluosog. Arnom. Gwyddai eu bod bellach fel edau mewn blwch gwnïo. Cofiai pan oedd yn fychan fel y byddai'n troi'r edau a'i dyblu nes cael min a âi drwy grau'r nodwydd.

Yna, meddyliodd am sylw ei mam am edau rhy dynn ...

Oedd hi wedi mynnu ei ddilyn ef i bellafoedd byd yn ddi-hid o'r perygl a'i hwynebai?

Beth sy ar dy feddwl?

Cwestiwn na feiddiai ei ateb yn eirwir.

Rhaid cadw ar ddi-hun nes y daw ...

Gallem wastad gadw'r meddwl yn effro gyda storïau.

Storïau? Doedd e'n fawr o storïwr – fel arfer byddai'n cychwyn nofel, darllen rhai tudalennau, ac yna'n darllen y diweddglo a dychmygu'r hyn a ddigwyddodd yn y canol. Neu'n difrïo ei mwynhad hi o nofelau gan ddweud nad oedd unrhyw bwrpas darllen rhywbeth nad oedd yn wir a heb ddigwydd.

Heb ddigwydd? A dyma hi nawr gyda'r 'gwir' bron â'i tharo ar ei thalcen a phob cyhyr yn sigledig.

Pa fath o stori wyt ti am ei chael? gofynnodd.

Wel un gyda gobaith – un sy'n gorffen yn dda.

Meddyliodd am Virginia Woolf yn adrodd i'r corff dorri'n deilchion, er mwyn i'r enaid gael dianc – dyna oedd drama feunyddiol bywyd. Go brin iddi feddwl y byddai'n actio ...

cyn i'r dydd a'i wawl fraslunio

Wel, be sy ar dy feddwl? Oedodd.

Storïau i gadw'n effro, i gadw'n gynnes – fel sy raid.

Wel, ti yw fy Scheherazade i.

Collodd ei hanadl am ennyd. Wyddai hi ddim iddo wybod am Nosweithiau Arabia a'r wraig a lwyddodd i gadw diddordeb ei gŵr rhag cysgu drwy adrodd straeon ac er mwyn byw ei hunan.

Paid ag edrych mor syn ... beth amdani ... dw i eisie stori jyst fel y brenin. Estyn dy law, wnei di?

Ofnai symud o'i hunfan. Gwyddai y gallai estyn ei llaw fod yn ... Roedd salwch pen mynydd yn dechrau plymio ei chorff ag ef yno yn ... taerai ei fod yn gwenu. Yn gwenu, yn gwanu, yn gwenu ... PTSD yn penblethu ...

> *
>
> ## Y gwely yw'n bywyd cyfan.
>
> – Guy de Maupassant
>
> *

a'n gwasgar, hyd awr ein clwydo

DIANC

Gadawodd y brifddinas er mwyn byw ymysg natur. Prynodd ddarn o goedwig ar gyrion mynyddoedd y llethrau glas gan ddyheu am gysgu yng ngolau'r lloer a chyfri'r sêr cyn clwydo. Prynodd delesgôp, angenrheidiau byw yn y gwyllt, a chyllell lem ar gyfer casglu bwyd am ddim yn y cloddiau, milddail a marchrhuddygl. Bywyd syml oedd ei nod. Fel Thoreau yn Walden*, edrychai ymlaen at yr heriau o gymuno â'r byd o'i gwmpas a sylwi o'r newydd ar bethau.

A'r noson gyntaf yno, wedi i'w ffrind ddadlwytho pob dim yn y caban a adeiladwyd ganddynt, rhyfeddodd at dawelwch y lle. Dim smic o sŵn yn unman. Oedd, roedd wedi cyrraedd y diffeithwch, yr *eremos*, man yr unigeddau. Tawelwch llwyr. Na, roedd yn fwy na hynny – yn dangnefedd pur.

Teimlai mor gyffrous y nosweithiau cyntaf fel na allai gysgu tan yr oriau mân. Perswadiodd ei hun y gallai gysgu ymlaen. Onid dyna oedd braint ei ymddeoliad? Dim galwadau o gwbl na disgwyliadau. Dim ffôn na chyfrifiadur. Pa eisiau technoleg mewn lle fel hwn? Dyma oedd nefoedd ar y ddaear.

Ond noson ar ôl noson, dechreuodd gael pwl o unigrwydd. Dim ond seiniau rhyfedd a glywai. Meddyliodd am Job un noson yn holi Duw pam y bu iddo ei roi ar y ddaear yn gwmni i dylluanod ac ystlumod. Cafodd hunllef un noson iddynt ymosod arno a thynnu ei lygaid. A dyna pryd y daeth o hyd i'r ateb. Cael ci. Byddai ci yn ei seithfed nef mewn lle fel hwn. Gallent hela gyda'i gilydd, cael sgyrsiau a theithiau difyr. Trefnodd i gyfaill ei hebrwng i gartref cŵn amddifad a ffolodd ar

* *Henry David Thoreau, llenor Americanaidd a aeth i fyw mewn caban ger llyn Walden am ddwy flynedd. Cyhoeddwyd ei glasur, Walden yn 1854.*

---

i fendith o dan y bondo.

helgi gyda llygaid dolefus. Diolchodd i'r elusen gŵn a fodlonodd iddo fynd ag ef yn syth gydag ef – wedi iddo arllwys ei wewyr ac arwyddo fel ei geidwad newydd.

Edrychodd y ci yn syn ar ei gartref newydd. Trwynodd ei ffordd drwy'r caban a thu allan gan ddychwelyd a gorwedd wrth ei draed. Dyma'r hyn oedd ar goll, meddyliodd. Dylswn fod wedi meddwl am hyn ynghynt. Ond y noson honno, fel yr oedd ar fin cysgu, dechreuodd y ci udo. Udodd ac udodd nes merwino clustiau'r perchennog newydd. Agorodd y drws iddo gael mynd allan ond cyrcydu yn y cornel gan oernadu yn uwch a wnaeth. A chrynu. Beth allai fod wedi ei gynhyrfu? Oedd yna berygl y tu allan?

Y bore wedyn a gweddill yr wythnos, a'r un ganlynol, dyna oedd amserlen y ci. Cysgu drwy'r dydd gan ofni mentro allan o'r caban a chyfarth o'i galon i'w sawdl gyda'r nos. Roedd y cwsg a'r byd hamddenol newydd y gobeithiodd ef amdano wedi ei ddifetha'n llwyr gan stranciau'r ci ac yntau'n ofni bod yna ryw rybudd yn ei leferydd, am yr hyn oedd yn llechu ynghanol y coed.

Dechreuodd gofio mor braf oedd seiniau'r ddinas wedi'r cyfan. Beth oedd mor wych am y wlad os na allai gysgu'r nos? Pa werth fyddai helgi ofnus yno, a pha gwmni i ddyn a oedd wedi hen arfer â chymdogion da? Ai ffals oedd yr hysbyseb a welodd a honnai mai *'the cure for loneliness is solitude'*.

Ddiwedd y mis, a'i fflat yn y ddinas heb ei gwerthu, dychwelodd gyda 'Mellten' y ci. Roedd hwnnw wrth ei fodd yn edrych drwy'r ffenest ar y prysurdeb oddi tano ac yn ddiddig wrth gysgu'r dydd ar waelod gwely ei feistr. Dychwelodd cwsg iddo yntau hefyd gyda'r radio wrth erchwyn y gwely yn gwmni difyr. A chysgodd drwy holl seirenau'r ambiwlans ac ambell wawch car heddlu. Onid arwydd oedd y

---

I annedd dangnef rôl mwstro daeth pigau euraid i byncio;

---

rhain bod cymorth wrth law a phobl ar frys i achub rhai o'u sefyllfaoedd anffodus. Roedd gwichiadau ceir yn cael eu cloi a'u datgloi hefyd yn dangos bod bywyd yn un bwrlwm. Am hynny, teimlai'n ddiolchgar. Roedd rhywbeth cysurlon wedi'r cyfan o fyw ynghanol gwylltni'r ddynoliaeth.

*

Ein bywyd gwirioneddol yw pan ydym yn ein breuddwydion – ar ddi-hun.

– Thoreau

*

'Croeso haf', mewn brig, anwylo

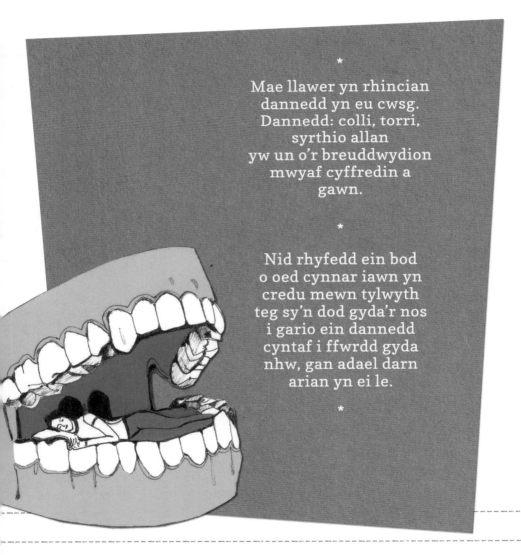

*

Mae llawer yn rhincian
dannedd yn eu cwsg.
Dannedd: colli, torri,
syrthio allan
yw un o'r breuddwydion
mwyaf cyffredin a
gawn.

*

Nid rhyfedd ein bod
o oed cynnar iawn yn
credu mewn tylwyth
teg sy'n dod gyda'r nos
i gario ein dannedd
cyntaf i ffwrdd gyda
nhw, gan adael darn
arian yn ei le.

*

TYLWYTH TEG

Pan oedd sawl ffrind yn yr ysgol gynradd yn brolio am ymweliad tylwythen neu angel y dannedd, dechreuodd boeni. Efallai eu bod yn cael arian o dan y gobennydd, ond pa hawl oedd gan ddieithryn i ddod i mewn i'w stafell wedi iddo gysgu? Deffrôdd sawl noson wrth i'r dant hongian ar gig ei ddannedd. A phan ddychwelodd ddeuddydd wedyn gyda'r dant yn dynn yn ei ddwrn, holodd:

'Pwy yw'r angel sy'n mynd i ddod heno?'

'Byddi di'n cysgu'n sownd.'

'Ife dyn yw e?'

'Wel gall fod yn ddyn neu'n ddynes.'

'Ond pam? I beth? I ble fydd e'n mynd â fe? Ac i beth?'

Gwelodd y tad y penbleth ar ei dalcen a oedd yn ddrych o'i ddryswch yntau.

'Mae rhywun yn yr ysgol yn dweud bod angel arbennig ganddo yn gofalu amdano ond dwi ddim eisie angel … a dwi ddim eisie iddo ddod i mewn i fy stafell i.'

'Gwranda. Fe adawn ni flwch bach y tu allan i dy ddrws, fel na fydd e'n dod i mewn. Ac yn well na 'ny, ti'n cofio'r stori am Asibikaashi? Y fenyw o bryf gyda'r Indiaid Cochion oedd yn cael darn o'r helyg a chylch fel yr haul – a'r twll rhwng wyth coes y pry, i ddal breuddwydion cas. Wnawn ni roi'r daliwr breuddwydion uwchben dy wely di heno. Iawn?'

'Ond i ble maen nhw'n mynd â'r dannedd?'

'Arhosa nes ei bod hi'n amser darllen stori a chei di weld.'

Oriau wedyn, roedd y tad yn dangos yr awyr ddu iddo ac yno roedd miliynau o sêr fel dannedd gwynion.

'Rwy'n credu bod y dannedd cyntaf yn mynd yno i helpu'r sêr i wenu.'

'Stori ddwl dad. Wyt ti ddim wedi clywed am y sêr a'r planedau? Neu am uwchnofa ac am ffrwydrad llachar y sêr!?'

---

ein nythaid, bu mynych gyffro'n eu plu,

DULL O GYSGU

i   Gorweddian unwaith oedd y dull o gysgu, lolian ar leithig.

ii Daeth y Tiwtoniaid i ddysgu sut i eistedd a chysgu'n dalsyth yn hytrach na gorwedd ar eu hyd.

iii Lled orwedd a wnaeth Math yng Nghaer Dathyl gyda'i draed yn cael eu gosod yng nghôl y forwyn Goewin.

iv Ofnai'r hen bobl orwedd ar wastad eu cefnau rhag ofn y deuai'r angylion heibio a chredu eu bod wedi marw a'u cario i ffwrdd.

v   Byddai'r bobl gyntefig yn gorfod bod yn barod i ddeffro ar amrantiad, yn wyneb perygl. Dyna pam y byddai llawer yn cysgu yn uchel ar ganghennau'r coed ac yn 'cwympo ar ddi-hun' sef yr ysgytiad sydyn o ddeffro, rhyw blwc myoclonig a ddigwydd i ni weithiau, pan ddeffrown yn annisgwyl.

vi Nid hawdd yw cysgu'n esmwyth lle bo gormodedd o chwain. Arferid rhoi tomen ar waelod y gwely slawer dydd er mwyn i'r llau ddewis cysgu neu ddeffro yno.

cyn i ni ddadflino, a'n bendith o dan y bondo.

MAN-TRA CWSG

'Dydd i ddydd a draetha ymadrodd
a nos i nos a ddengys wybodaeth.'
Mor aml y gorweddwn yn y gwely
yn lleisio'r adnod, yn ceisio
cael hyd i'w chyhydedd.
Pa wybodaeth sydd wrth orwedd
mewn anhunedd yn y dudew?
A pha ddoethineb all gyrraedd
y rhai â'u hamrannau ynghau?
Barbali siarad y mae dydd wrth ddydd
a nos i nos am ei gyngor cudd.
A! Tybed ai dyna gyfrinach cwsg?
Cyngor cudd nad oes modd ei rannu,
ond a ddaw i ni yn ein breuddwydion,
a'n brawychu gyda'n hunllefau.

Nes i'r dydd ddechrau llefaru â ni
eto ac eto heb roi ateb—
nid fel y salm rhy seml.
Ymhell bell o siambr cwsg
closiwn at y *berthynas gudd*.

Oes o ŵyl yw'n noswylio.

Y MEUDWY

Trigai ar ynys bellennig gan gario ei lusern yn un llaw a'i ffon yn y llall. Byw ar y gwynt a wnâi, gan fwyta pan fyddai'r haul yn machlud.

Deuai rhai o bell i syllu arno, gan ryfeddu at ei fywyd syml a'i sirioldeb. Yna, dechreuodd rhai gredu ei fod yn meddu ar gynghorion doeth. Weithiau byddai ei ymatebion iddynt yn unsillafog, ond byddent yn dychwelyd yn fodlon. Roedd y dyn doeth wedi llefaru. Aeth y si ar led ei fod yn rhoi arweiniad i rai mewn cyfyng-gyngor.

I ddechrau, deuent draw yn yr haf pan fyddai'r tywydd yn hinon, yna, gyda threigl amser, deuent yn y gaeaf hefyd, hwy a'u pebyll, i gysgu'r nos. Deuent yn llwythog o gwynion a phenblethau. Er mai un diwrnod o'r wythnos y derbyniai ymwelwyr, byddai yna res hir o bobl, oll yn ddiamynedd am ei weld.

O bryd i'w gilydd, byddai sgarmes a'r hen ŵr yn llafarganu iddo'i hun er mwyn eu tawelu. Yn sydyn, byddai'r dorf yn ymuno gyda'i furmur gan sïo ganu ar yr awel. A deuai heddwch y pryd hwnnw. Er hynny, symudodd yr hen ŵr i fyny'r mynydd er mwyn cysgu mewn ogof arall, gan fod y dorf yn swnllyd a rhai'n cynnal partïon ar y traeth.

Cyn hir, daeth gwerthwyr 'trugareddau' i'r ynys gan weld fod celc go dda i'w wneud. Daeth cwmni codi tai bach glas, faniau gwerthu cŵn poeth, rhai eraill yn codi siop gwerthu nwyddau. Aeth un ati i wneud crysau T gyda'r geiriau 'Nid mud yw'r meudwy', ac un arall, 'Y sawl sy'n dawel sy'n llefaru.' Aeth un mor bell â llunio potel gyda 'myfyrdod' arno, gan hawlio iddo botelu chwys y meudwy ynddi.

Ynghanol y rhialtwch gydol nos, daeth doethineb y meudwy i ben. Safodd uwchben yr ogof a gwaeddodd – 'Heb gwsg does dim dysg na doethineb.'

Pa bris sydd i'n llys breswylio? I bob cyw daw gwawr ehedo

Aeth y dorf yn fud. Safodd rhai yn eu hunfan. Doedd gan y meudwy ddim hawl i fynd yn sâl. Roedd e yno i'w cysuro a'u bendithio nhw. Dechreuodd rhai ystwyrian, 'Mae gen i waith i'w gwblhau nôl adre,' medd un.

'Dwi ar fin geni,' medd un arall, 'a dwi ddim am gael y baban mewn lle fel hwn os nad yw'r meudwy yn ei iawn bwyll.'

'Gan bwyll,' medd un arall, 'efallai mai ystryw yw hon – er mwyn ein gorfodi i barchu tawelwch yr ynys.'

Awgrymwyd y dylent bwyso arno i gael cynorthwyydd personol.

'Ond nid meudwy fydde fe wedyn,' meddai un dinesydd, cyn troi am adre.

Ymhen hir a hwyr, ac ar ôl yfed ei gawl rhisgl coed, daeth allan a dweud unwaith eto wrth y dorf, ond y tro hwn yn bwyllog: 'Dathlu'r anwybod a'r diarwybod a wnawn. Y mae pob un ohonom yn gweld pethau mewn breuddwyd ond yr un doeth yn cofio'r freuddwyd ac yn datrys ei ofid.'

Siomodd rhai ar eiriau'r meudwy. Roedd yn traethu'n awr fel pe bai'n offeiriad. 'Ha!' meddai rhai. 'Cystal i ni fynd i addoldy os mai dyna sy'n digwydd yma.'

O un i un aeth y teuluoedd dros y don yn ôl i'w cartrefi, y gwerthwyr a'u trugareddau – a'u pocedi'n wag. Yn wir, gwacawyd y lle o fewn tridiau wrth i'r si fynd ar led nad oedd y meudwy yn estyn gwirioneddau rhagor – iddo droi ei hunan yn ôl.

Y bore wedyn, a'r ynys anial yn eiddo iddo'i hun unwaith eto, taflodd ei freichiau fry i'r ffurfafen gan ddiolch i'r elfennau am gyngor doeth. Yn wir, mor rhagweladwy oedd y natur ddynol – y llwyth a oedd wedi ei lethu o'i enedigaeth. Cysgodd yn drwm yn wyneb yr haul ac yn llygad goleuni.

---

o raid ar ei hynt – anturio.

PAIS DINOGAD

Hwiangerdd gynharaf ein barddoniaeth, am dad yn mynd alla i hela ...

Crys Dinogad, gwyn a llwyd ei liw,
O groen bela yw;
Chwid. Chwid. Chwibanu
Gwaedd ar ben gwaedd, llef y llu.

Pan fydd dy dad mas yn hela
Picell ar ysgwydd, pastwn i ddala;
Galw wna ar ei gŵn chwim
Giff! Giff! Dal. Diawl, nawr, nawr.

O'i gwrwgl, dal pysgod
Fel llew yn lladd milod
Pan fydd dy dad ar y mynydd
Bydd yn dal iwrch, hwch wyllt
a hydd;

Un rugiar, ar y mynydd,
Un brithyll o'r dyfroedd
Bydd pob creadur, yn fyr ei ana'l
A'th dad di ar ei sawdl.

Cân ein pader i'w plith – fel heno:

OEDI WRTH Y WIG

Stopping by Woods on a Snowy Evening, Robert Frost

Coed pwy yw'r rhain? Credaf y gwn
Mae ei fwthyn draw'n y pentre hwn;
Ni wêl myfi yn oedi'n syn
I wylio'r wig yn puro'n wyn.

Rhaid bod fy ffel yn synnu braidd
I'm oedi 'mhell o'r byd a'i waedd;
Rhwng goedwig hardd a llyn dan iâ
Y noson dduaf o'r flwyddyn 'ma.

Ysgwyd ei glychau i godi llef
Fel pe'n gofyn – oes rhywbeth o'i le?
A'r unig smic o sain yw chwa
Y gwynt hamddenol yn lluwcho'n braf.

Mae'r wig yn hyfryd, dofn a du,
Minnau â chennad y sawl, ni ffy;
A phellter i fynd cyn cyrraedd Cwm Plu,
A phellter i fynd cyn cyrraedd Cwm Plu.

Lluniwyd y trosiad yn fy mhen wrth fethu â chysgu un noson
gan leoli fy hun mewn coedwig, a'r eira'n drwch amdanaf.

Ein pryder boed iddo esmwytho;

TRI YN Y GWELY

Daw'r nos a'i haddewid aur
i gau amrannau, gwau breuddwyd
fydd yn glyd, am ryw hyd, a'n cario
i'r oruwch ystafell i gymell cwsg
wrth swynogli'r ennyd olaf
gyda chwedlau diwetydd rhwng dau gymar.
Yna, wedi'r 'nos da', a sws,
heb na hwiangerdd nac alaw
ar awel amrant, trown at obennydd llonydd,
a thaenu drosom len o dangnefedd.
Troedlonni, suddo at y gwres anwel
y tri yn un ynghyd yn trofannu
at odre'r gwely, untroed oediog
cyn i droed arall ei disodli.
A'r botel yn ei gwisg ffwr
yn meddiannu bodiau, bydoedd,
ar wahân, a weithiau – daw'r tri yn un,
a chwsg am dro.

boed bendith ar nyth eu bondo. ●

SWYN

*Nid bod dynol ydych, yn chwilio
am brofiad ysbrydol. Profiad
ysbrydol ydych wedi'ch trwytho
mewn profiad dynol.*

– Teilhard de Chardin

CERRIG CWSG

Edrychodd ar y pelenni crisial. Carreg wen, lloerfaen, y cwarts rhosliw, yr amaethyst. Ac edrychent yn ôl arni o'r botel fawr wrth ymyl ei gwely. Teulu o risialau'n cydorwedd yn barod i'w rhyddhau. Bu rhain yn destun trafod pan oedd yn blentyn. Ac yn destun difyrrwch i'w ffrindiau o dro i dro.

Flynyddoedd ynghynt, roedd wedi cwyno wrth ei rhieni am y math o anrheg a dderbyniai gan ei nain a'i thaid bob pen-blwydd. Tra ymffrostiai ei ffrindiau am bethau fel yr offer technolegol diweddaraf neu ddillad ffasiynol, rhyw garreg a gawsai hi'n rhodd gyda'r sylw y byddai 'hon' yn tyfu fel hithau. Sut y gallai unrhyw garreg dyfu? Gwenu a wnaeth ei rhieni gan adrodd wrthi fel yr oedd ei nain yn hipi ar un adeg yn byw mewn tipi. Roedd hi hefyd yn gwrando ar *guru* breuddwydion.

Doedd hi ddim fel pob nain arall. Ar hynny gallent gytuno.

Heno, sylweddolodd bod ysbryd ei nain gyda hi o hyd er ei bod hithau'n awr mewn gwth o oedran. Onid oedd grisialau wedi tyfu'n boblogaidd eto gyda phobl ysbrydol, a dilynwyr yr '*oes newydd*'. Daeth hithau i ddeall dros amser fod egni, *Chi*, i'w gael o'r rhain. O'u cyffwrdd, gallai deimlo rhyw wefr. Cysgai'n ddwfn o roi'r amaethyst o dan ei gobennydd, a theimlo rhyw donnau yn cydweddu gyda'i hymennydd. Ar adegau prysur yn y gwaith, byddai'n teimlo'r lloerfaen yn lleihau tensiwn a phresenoldeb y cwarts rhosliw yn ei hudo i fyd arall.

Eiddo etifeddol. Agat, llygad teigr, onycs. Rhoddodd hwy yn y drôr a gwenu wrth feddwl y byddai hithau ymhen y flwyddyn yn croesawu wyres i'r byd.

Crisial at risialau eraill gan roi ystyr newydd i hen feini sy'n medru tyfu.

○ Neithiwr sleifiodd lleuad fêl, llenwi'r llofft.

Troesom yn gefnogwyr brwd o'i broliant ambr,

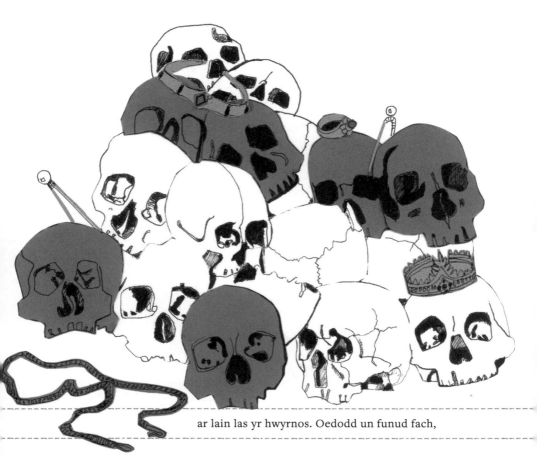

ar lain las yr hwyrnos. Oedodd un funud fach,

YSBRYD

'Gadewch lonydd i mi,' gwaeddodd y wraig wrth ddeffro o'i chwsg.

'Llwyddais i brynu dau gilo o borc a blawd heb sôn am ddillad newydd i'r plant.' Ond bob nos, yr un waedd a glywodd yn ei hunlle. 'Gadewch i ni fod.'

Nosweithiau ynghynt, roedd wedi ymuno â'r criw i dwrio'r caeau am drysorau a adawyd gan y Khmer Rouge. O rofio ymysg y penglogau, daethai o hyd i fwclis arian, breichled hardd a phin gwallt a wnaed o berlau. A phob nos ers iddi werthu'r ysbail, deuai ysbrydion eu perchnogion i edliw iddi.

'Rhaid i'r byw – fyw – nid arna i mae'r bai,' meddai, cyn clywed ei phlentyn lleiaf pum mlwydd oed yn deffro gan holi, 'Gyda phwy ry'ch chi'n siarad, Mam?'

'Neb. Cer nôl i gysgu,' meddai. Trodd ar ei hochr. Onid oeddynt yn byw yn agos i'r asgwrn? O'u colledion hwy, roedd ei theulu ar ei ennill. Cael a chael yw bywyd. Cael a cholli.

'Mae pawb eisie byw,' meddai, 'a phawb yn haeddu cysgu.'

---

swilio tu ôl i ffawydd copr

RHITHIOLI

Roedd rhai wedi ei rybuddio o'r blaen ei fod yn gorweithio wrth yrru'n aml o un pen y wlad i'r llall, ac er mwyn dod adref ynghynt byddai'n torri corneli. Mae'n wir y byddai'n stopio mewn garej pedair awr ar hugain i gael coffi cryf a llwyth o siocledi. Ond roedd hyd yn oed llowcio yr holl bethau siwgrllyd hynny ddim yn ei gadw'n effro.

'Mae'n beryg. Rhaid iti chwilio am waith arall,' meddai ei dad wrth weld y pantiau duon o gylch ei lygaid un noson. Ond daliai i weithio. Roedd rhywbeth hudol ynghylch cymryd y lôn agored yn hwyr y nos a'i gerbyd ef yn unig ar yr heol am hydoedd.

Yn raddol y dechreuodd weld ambell rith. Stopiodd y tryc unwaith neu ddwy yn taeru iddo weld llanc ac unwaith lances ar ochr yr hewl yn bawdheglu. Peth peryg i'w wneud yn y nos meddyliodd, cyn camu o'i gerbyd a chael neb yno. Dro arall, mynnodd i rywun gerdded yn syth o flaen y bwmper gan achosi iddo frecio'n sydyn. Gallai'n hawdd fod wedi ei daro. Ond wedyn, doedd neb yno.

Cyffesodd y dychmygion hyn wrth ei wraig a mynnodd hithau ei fod yn gweld doctor. Daeth hynny'n fater o raid ar ôl iddo ddychwelyd o ogledd Lloegr gan daeru iddo weld UFO yn glanio mewn cae cyfagos. Parciodd ei dryc er mwyn gweld pa ddynion bach a ddeuai o'r capsiwl. Gwelodd lygaid syn a blew gwyrdd o boblach yn dod allan ohono.

Cytunodd y doctor mai rhithweledigaethau oedd y rhain wrth iddo feicro gysgu, ac am eiliadau'n breuddwydio'r pethau hyn i fodolaeth heb iddynt ddigwydd mewn gwirionedd. 'Ba!' meddai, 'mi wn beth a welais.'

Pan gredodd iddo gael ei daflu nôl mewn hanes un noson, ac nad cerbyd HGV yr oedd yn ei yrru, ond coets a cheffylau gyda phobl yn eu dillad llaesion yn chwerthin ar ôl noson mewn plasty yn dawnsio – do – daeth at ei goed.

cyn sbecian eto gyda phlwc sydyn o arddeliad.

DOCTOR

Gadawodd ei yrfa yn ddoctor oherwydd nad oedd gan ei waith barch at ddydd na nos.

'Mae'n rhaid i ddoctor,' meddent, 'fod yn iach bob amser,' yn trin y claf heb boeni am rediad amser. Ond wrth i amser ei dreulio ef gan ddiffyg cwsg, fel na allai redeg dim mwyach at y claf hwn nac arall, gwelodd mai dyn sâl oedd ef ei hun hefyd. A daeth cwsg yn fater o bwys iddo. Collodd bwysau a cholli'r awydd i godi o'i wely er na allai gysgu pan oedd yno.

Ceisiodd ddilyn y pedwar deg miliwn o bobl eraill oedd yn ymladd am gael cwsg da. 'Gorffwys sydd orau,' meddai, yn amlach na pheidio wrth gleifion wedi iddo'u trin, ond eto doedd ef ddim yn gwybod sut i ddilyn ei gyngor ei hun.

A rhwng y gwahanol feddyginiaethau a lyncodd, gwelodd fod atebion eraill ar gael bellach. Fel y pyjamas 'clyfar'. Diddorol, meddyliodd. Ond a oedd doethineb yn perthyn iddynt? Roedd ganddynt 'jel bioseramig' i oeri'r corff o'i wres gan ymestyn cwsg yn bosibiliad arall. Arbrofodd gyda'r 'sensor' anadlu ar draws ei ysgyfaint, a'r 'app' a'i donnau'n torri ar draethell hyfryd ynghyd â'r gerddoriaeth donyddol a oedd i ymestyn oriau cwsg. Ni thyciodd arno. Gwyliodd y cloc cyn ei wahardd o'i stafell. Ceisiodd droi at ffonau clustiau a fyddai'n cyffroi tonnau gan ddileu synnwyr amser.

Gwisgodd sanau arbennig gan i rai gredu bod lapio traed babanod yn gynnes yn hwyluso cwsg ac y dylai oedolion ddilyn yr un egwyddor. Ond mynnai eu matryd wedi awr neu ddwy gan deimlo eu bod yn ei rwystro rhag cysgu.

Dilynodd y grefydd newydd o anadlu'n ddwfn, i mewn ac allan, drosodd a throsodd. Gwnaeth ambell ystum ioga, gan sefyll ar ei ben gyda'i draed yn erbyn y wal. Mynnodd iddo gael cur cefn ar ôl gwneud hynny.

Yna, dilynodd yr awgrym syml o gau llygaid a cheisio eu croesi – roedd hwn yn ddull oedd yn mynnu llwyddiant ar bob cyfri, meddai rhai. Pwy yn y byd

---

Mêl ei gogoniant, yn llifo dros gwch y cread.

---

feddyliodd am y fath ymarfer od? Achosodd yr odrwydd iddo fod ar ddi-hun yn dychmygu'r person a wnaeth ei ddyfeisio.

Talodd dair mil o ddoleri am ryw fath o gibyn, sef pod chwe troedfedd o gylchlin fyddai'n amlennu'r corff er mwyn adfer meysydd electromagnetig.

Ildiodd cyn hynny i flancedi trwm arbennig, rhai sy'n rhoi'r argraff eich bod wedi eich rhwymo mewn cadachau. Hynny a gogls llygaid sy'n gosod rhythmau gan daflu goleuni ar donfeddi arbennig.

Clywodd am fatres oedd wedi ei mowldio er mwyn derbyn siâp ei gorff.

Ond wedi'r holl boendod a gwariant, a methiant, trodd at ei dad am gyngor. Awgrymodd hwnnw ei fod yn mynd i ynys lle roedd mynachod yn byw. Yno, yr oeddynt wedi hen arfer â thyfu llysiau Cadwgan, y falerian neu'r feddyges fach. Yno, clywodd y mynaich yn galw 'gwell na'r aur' arno a'i fod yn eich gyrru i'r nefoedd ac yn ôl ar doriad y wawr. Rhannent y dail fel pe bai'n fara beunyddiol a doedd yr un ohonynt yn dioddef o ddiffyg cwsg o'r herwydd.

Dilynodd eu hawgrym. Gorweddodd yng nghysgod y planhigyn ac yn wir, clywai'r arogleuon yn ei swyno i gysgu. Gofynnodd am gael aros yno am wythnos yn y mynachdy er mwyn cael ei drin gyda digonedd o'r dail. Yna, casglodd fwndeli a gwreiddiau cyn dychwelyd adre.

Gwenodd wrth feddwl fod y 'feddyges fach' ledrithiol yn y gwylltir wedi gallu trin ei ddolur mewn modd a ragorai ar gymhlethdod ei fyd meddygol mawr.

Cwsg – am dro ac yn ôl …

NOSON CALAN GAEAF

Pwy all gysgu ar noson felly?
Rhai â'u bryd ar ysgerbydu'r nos.
Yr hen fyd a'i fraw ddaw atom –
canhwyllau corff, cysgodion du
yn plagio ein paganiaeth.
Ac yn lle cwsg, bydd losin ar blât
er dyheu am ddiffodd golau;
absenoli o'r angylion anwel
rhag 'enllyn neu dwyll' gorffwyll:
drychiolaethau y diawliaid bach,
minlliw fioled, ewinedd porffor
rhai â'u strach, eisiau bod yn wrachod.

Bob noson arall – yn eu gwlâu
y maent – blantos tirion
â'u llef ar draws hunllefau,
yn fwganod, llu ellyllon
cyn i deyrnas addfwyn
eu llywio â'i llaw dyner
gan daflu ei hud eto
â thrymder cwsg am dro.

Silwetau oeddem, gwenyn wrth y ffenest am dorri'n rhydd ond iselhau a wnaeth hi

ARALL FYD

Roedd gyda'r nos yn mynnu bod yn Llyn y Fan yn syllu i'w hadlewyrchiad. Cerddai yn ei chwsg weithiau at y llyn cyn troi yn ei hôl, heb wybod ein bod yn ei dilyn. Yna, yn y boreau pan oedd pawb yn effro, mynnai gadw i'w gwely a chysgu drwy'r dydd.

'Wnaiff hwn mo'r tro,' meddai ein tad wrthi un dydd, 'Mae angladd cymydog dros y bryn a rhaid inni'n dau fod yno.'

Cododd. Gwisgodd pa ddilledyn bynnag oedd wrth law – ffrog goch sidanaidd.

'Parch,' meddai ein tad, 'rhaid talu parch. Rhaid iti wisgo'n weddus.'

Dychwelodd yn dal i chwerthin at y dull o gladdu rhywun mewn twll yn y ddaear.

Yn dawel bach, gwyddem nad oedd hi'n perthyn i'n byd ni. Yna, mewn priodas yn fuan wedyn, gwisgodd ddillad du ac wylo'n ddi-baid. Collodd ein tad ei amynedd un prynhawn wrth ei gweld yn dal i orwedd yn y gwely a rhoddodd ysgytwad iddi. Deffrôdd yn wyllt gan fynnu iddo dorri ei adduned a'i tharo.

Aeth pethau o ddrwg i waeth wedyn. Bu bron iddi syrthio oherwydd blinder un dydd wrth y ffynnon a chythrodd fy nhad ynddi. Edrychodd arno'n wyllt gan ei rybuddio pe bai i'w tharo eto ...

Yna, un dydd pan oedd yn dal yn ei gwely'n cysgu am iddi gerdded y llwybrau gyda'r nos, rhoddodd blwc yn ei braich i'w deffro. Oriau wedyn roedd wedi diflannu.

Sylwem yn blant nad oedd hi fel gwragedd eraill yr ardal. Dyna pam yr aethom i dwrio'r meysydd am berlysiau i'w thawelu o'i diffyg cwsg. Dysgasom sut i hwyluso cwsg gyda gwaddol o'r pabi, ac eringo, a'u malu mewn llaeth cyn ei roi iddi. Fe'i

rhwng ein cware, ymostwng yn wylaidd fel pe'n dysgu meidrolion sut i blygu glin.

cymerodd yn awchus a chysgu am dipyn cyn i ni roi llymaid arall iddi.

Gwyddem o waed ein calonnau y dychwelai i grombil y llyn y daethai ohono'n eneth landeg.

Ond rhoddodd inni'r ddawn i fod yn feddygon i iacháu'r corff a'r meddwl gyda glesni'r gwylltir. Er hynny, methu â wnaethom i ganfod meddyginiaeth i'n tad a does neb eto wedi llwyddo i'w wella o'i hiraeth.

Gogoneddu o'r newydd i hon alw heibio a'n dal yn eneidiau agored;

MEDDYGON MYDDFAI

Credir mai meibion 'merch Llyn y Fan Fach' oedd Meddygon Myddfai. Aeth y si ar led am eu gallu i drin doluriau pobl o bell ac agos o lysiau a pherlysiau oedd yn tyfu'n eu hardal ym Myddfai. Hwyrach iddynt arbrofi ar eu mam pan oeddynt yn llanciau ifanc. Cofnodwyd eu hanes yn Llyfr Coch Hergest ac mewn dogfennau gan John Pughe. Mae'n debyg mai un ffordd o drin diffyg cwsg oedd cerfio enwau cysgaduron ar gorn gafr, yna'i roi o dan ben yr unigolyn oedd yn dymuno cwsg.

hi, a fedyddiwyd hanner miliwn o flynyddoedd yn ôl

STAFELLOEDD GWELY

Gall sawrau a chwaon blodau, perlysiau a choed daflu ei hud ar stafelloedd gwely. Gall y cysgadur ymgolli mewn glaswelltiroedd ac arogli mwsg nes i gwsg gyrraedd yn gymysg â'r gobennydd. Hoff arogleuon hwylusydd cwsg yw'r oren, limon, promenâd o binwydd a chedrwydd. Ac awel o fanila neu lafant mewn mwslin o dan y gobennydd. Mae stafelloedd *feng shui* yn caniatáu egni da i lifo gan wahodd un i ymlonyddu.

ei huniad yn dyrchafu einioes. Daeth pwl rhyfedd drosom y noson honno, goroesiad

MANDALA

Dechreuodd wneud darluniau gyda mandalas fel ffordd o fyfyrio a gwella ei gallu i gysgu. Byddai'n syllu arnynt a chael ei swyno. Dechreuodd ei seicoanalydd* weld bod yn y lluniau hyn ryw symbolau yn adlewyrchu'r bydysawd ac yn batrymau sy'n ymddangos ym mhob diwylliant o'r Indiaid brodorol yn America i ffenestri mewn eglwysi Cristnogol cynnar.

Eisteddai ar glustog a chau ei llygaid weithiau. Anadlu'n ddwfn, agor ei llygaid ac edrych drachefn ar y mandala. Byddai'r myfyrio yn ei rhyddhau o'r byd effro gan wneud iddi doddi a bod yn unwedd â'r symbol. Hwyliai wrth gysgu yn y byd cosmig cyfannol.

*Carl Jung

> *
> Mae pobl Burma yn dal
> i feddwl mai'r pilipala
> yw'r enaid sy'n gadael
> y breuddwydiwr ac yn
> crwydro'r mannau lle bu'n
> breuddwydio.
> *

ei gwên yn wireb iddi ddal i gredu ynom.

CHWEDL TEYRNON

Mab a Roddwyd

Colli cwsg oedd y golled gyntaf,
yntau'n taeru i rai fwrw melltith
ar ei gaseg ym mherfedd nos.
'Diriaid ydym,' meddai,
'a'n tynged yw'r crud gwag.
Oerodd fy ngwely innau,
wylo'r oriau a wnawn,
ysgyrion rhwng morddwydydd.'

Yna, un noson leuad goch,
y trwst annaearol,
a rhwng ei gamau breision
a'i anadl yn gyffro,
yno, yn ei ddwylo,
tu ôl i sidan grych,
un pefryn mewn bwndel bach.
'Rhodd o'r goruchaf,
arwydd i'r ysbryd drugarhau,
rhoi coron i ni o'i gorun gu.'

Clwydo heb dorri gair na phader, dim ond ei bendith

Cwsg – am dro ac yn ôl ...

Chwarddais. Tafodrydd
a brwd oedd Teyrnon,
ysbleddach o'i ach,
ond nid wyf am achwyn,
cans nid ffôl mo'i orfoledd,
daeth eto'n gywely,
aml y clywn ef yn suo
'chwid, chwid' o groen bela.
Deffrown ambell awr
a'i weld yn syllu arno'n
swatio rhyngom.
'Oes cysur mwy, dwed i mi,
na'r wên ar wyneb epil
gyda breuddwyd yn ei lygaid.'

Prifiodd y bychan yn llanc,
llam a phaladr parod,
yn dilyn ei dad i'r wig,
naddu ffyn, gweithio cewyll.
Cans mab a roddwyd i ni,
un rhyfeddol fel na allai
atal ei leferydd amdano

yn boeth ar fochau, a'i thaith heibio inni'n wledd o dangnefedd.

Swyn

hyd nes i'r swae droi'n siarad
mewn dwrn, a daeth si arall
am golled ac iddi benyd,
mai ei heiddo *hi* ydoedd,
'nid eu haeddiant hwy'.

Gallaf gofio'r ymadael,
lleihau tua'r gorwel
fel adenydd gwenynen.
Aroglais ei obennydd,
a'i anadl pêr arno,
plygu'r dillad a sgathrodd
wrth ddringo'r llethrau.

A iau anesmwyth oedd cilgant y lleuad.

Trwst a mwstwr mwy
a ddaeth ddyddiau wedyn,
'Ie, mab a aned iddi'
meddai, 'ond cawsom ninnau
ran yn chwedl Rhiannon'.

Y cariad crwn sy'n suo daioni gan drosi ei ffydd drosom

Cwsg – am dro ac yn ôl ...

Bûm yn malu grawn drwy'r bore
yn gloywi pob llestr,
tynnu piser o'r ffynnon,
yn ei chwmni *hi*,
y daw yfory.

Gwn y byddwn
yn ail-fyw pob sill,
wedi sylwi ar bob ystum,
a bydd ein gwely'n gras,
y lleuad yn ei hwyliau,
a'r nos yn felys

— gan hirbarhau.

Cwsg yw sail hanes Rhiannon yn colli ei phlentyn:
gwragedd yn cysgu, Teyrnon yn methu â chysgu ...

yn fêlgawod. Yn wlith. ●

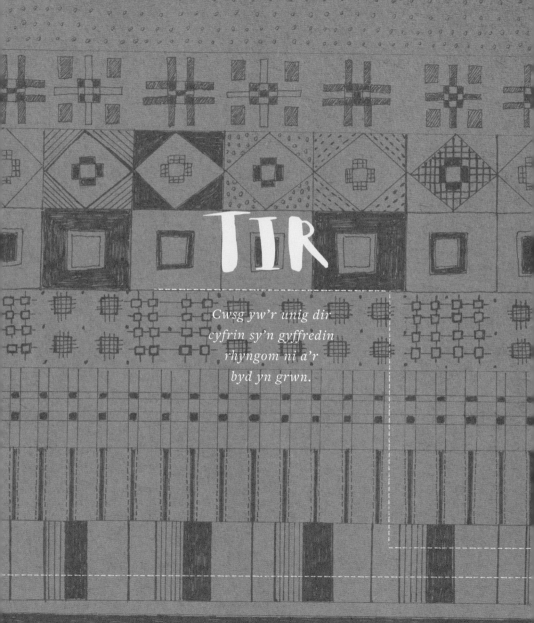

TIR

Cwsg yw'r unig dir
cyfrin sy'n gyffredin
rhyngom ni a'r
byd yn grwn.

CWSG PRYNHAWN AR DRAWS Y BYD

Hoe hogi'r meddwl,
nid â phladur slawer dydd
ond yr amrantun,
ysbaid sbâr
saib i'n sobri yw,
egwyl i'r galon
arafu,
cyflymu,
gorffwys ar bwys
byd bas a'i rydio,
anadl hir
o'n hoedl fer;
ar draws y byd,
unfryd ŷm am y sbelen fach
yn Siapan *inemuri*,
yn Sbaen siesta,
migdiada yng Nghatalwnia,
ym Mrasil *cochilo*,
a drodd yn *soneca*,
erbyn imi ddeffro,
allan yn Norwy *lur utenfor*
yw'r cyntun y tu allan,

○ 'Mae'n cysgu ar ei thraed,' oedd credo'r teulu,

yn Tsieina *hsiuhse*:
'dewch yn ôl mewn awr',
o ddydd i ddydd
mae'r datganiadau hyn
yn ein cadw'n wâr,
ein cadw i gredu,
fel yn Sardinia
am yr *ingalenada*
ac mewn *leezrisro*
ar droed mynydd Camerŵn
f'anwylyd sydd yno
o flaen fy llygaid, er ar gau,
y cwsgogl pêr ei arogl,
a'r hyn sydd o bwys
yw'r ennyd o orffwys
dwys
glwys
*kensho**

*Archwilio i'n gwir natur

ac ni chawn fod,

WOMBA

Yma,
Womba*
Gwên baban
Huna, huna
dy hunan.

* Bakweri: iaith de orllewin Camerŵn
am y wên ar wyneb baban yn cysgu.

am hynny, yr ola' i ddiffodd goleuadau,

CWSG EFFRO

Yn 1930 gwnaeth Patrick Noone ymchwil ymhlith llwyth y Senoi, Maleisia. Daeth i'r casgliad mai diwylliant breuddwydiol a oedd ganddynt, gan weld deffro a breuddwydio ar yr un gwastad. Bob bore, byddent yn rhannu breuddwydion, a phlant yn arbennig, yn cael eu hannog i'w hadrodd. Dysgent sut oedd cario eu stad freuddwydiol i'w bywydau bob dydd.

Darganfu nad oedd llawer o droseddau na chynnen rhwng llwythau gyda'r bobl hyn. Ond credent fod hunllefau yn arwydd o ysbrydion cas oddi mewn i feddwl y breuddwydiwr, ac fe'u hanogid i ailfreuddwydio a dod o hyd i ddiweddglo hapus (yr hyn y byddai'n cael ei alw'n *lucid dreaming* sef 'breuddwydio gloyw' heddiw).

na'r hwyrfrydig un i'w gwely,

UNDOD

Yn 2007, gofynnwyd i ferched yr India, beth fyddai eu dymuniad mwyaf pe bai modd ei wireddu. Ateb sawl un oedd 'cael yr hawl i gysgu mewn man cyhoeddus agored heb ofni ymosodiad treisiol.'

A dyna eni digwyddiad blynyddol yn yr India, gyda miloedd o ferched yn cwrdd ar ddiwrnod penodol ym mis Rhagfyr i gysgu gyda'i gilydd mewn parc neu fannau agored, pob un â'i lliain a'i matres ysgafn. Dyma'u balchder rhyweddol yn llenwi'r aer, gyda delfryd dros fyd di-drais, lle y gallant gysgu mewn heddwch llwyr a llonyddwch.

Bellach, lledaenwyd yr egwyddor ar draws India lle gwelir torfeydd o chwiorydd yn cwrdd, yn chwerthin yn rhydd o'r ofn o gael eu treisio. Siwrne ddiogel a phererindod o fath newydd sydd yn harddu'r ddynoliaeth wrth iddynt fynnu'r hawl i orwedd, yn breuddwydio'r byd o'r newydd.

*

Os yw cwsg
yn rhad ac am ddim
pam mae e mor brin?

*

rhag i'm losgi'r tŷ i'w sylfeini.

TIC TOC

Trefnu'r tir a'u hwsmonaeth yn ôl amserau'r haul a wnâi'r Sbaenwyr. Ond pan ddaeth Franco'n deyrn, mynnodd symud y clociau ymlaen i gyd-fynd â'r Almaen Natsïaidd. Eto, ni lwyddodd i symud awydd y bobl am *siesta* ganol prynhawn nac atal beirdd fel Lorca a Machado i osod eu bywydau yn ôl trefn y lleuad. 'Wyt ti'n dweud yr amser? Cloc? Ai dy amser di yw fy amser i?'

'Tic toc, tic toc ...' Ac meddai Machado, 'Breuddwydion, cydymaith i'r oriau ar ddi-hun. Un sydd heb gofio'i freuddwydion yw'r sawl nad yw'n adnabod ei hun.'

GLEWION

Wedi i wragedd Plaza de Mayo, Ariannin, flino ar grio yn eu cwsg, dechreuasant gerdded y llwybrau. Daeth rhai allan yng ngolau'r lleuad gan holi'r nos ble roedd eu bechgyn hwy. Yna, daethant bob dydd Iau yn ystod y dydd i fan cyfarfod yn y parc. Dod yn dawel bach ar y dechrau i ymddiddan a griddfan. Dod wedyn gyda'u gwau, eistedd yn y parc, mentro cwrdd â llygaid cochion y gwragedd eraill, y rhai oedd yn deall eu diffyg cwsg yn rhy dda.

'Ry'n ni wedi mynd gyda'r lleuad,' dyna ddwedon nhw wrth ei gilydd, er yn gorfod byw o hyd â'u traed yn solet ar y ddaear. Ein pwyll yw'n gorffwylledd,' meddai un. Ac roedd pawb yn deall. Rhai'n adrodd am y dyddiau gwag a'r nosweithiau llawn hunllefau. Rhai'n gweld eu meibion yn cael eu dychwelyd atynt a deffro hebddynt. Ac roedd pawb yn deall.

Yn raddol, ymwroli. Pwy oedd y cyntaf i awgrymu sefyll ar y sgŵar fel gwrthdystiad, doedd neb yn siŵr iawn. Cytunwyd y byddent yn dod wyneb yn wyneb â'r rhai arfog mewn lifrai a ddiogelai balas yr Arlywydd. Cerdded yn ddwy a dwy, breichio dwylo oedd cychwyn y daith. Dim ond wedyn y sylweddolon nhw mai protest oedd hynny. A daeth eraill y dydd Iau canlynol a phawb yn dilyn y ddefod o glymu sgarffiau gwyn am eu pennau gydag enwau y rhai a ddiflannodd yn ystod yr *junta*.

'Ewch adre.' Bloedd ac ambell ergyd. Eu melltithio a'u gwaradwyddo.

'Mae ein cariad yn fwy pur na'ch purdan,' medd un.

Blwyddyn ar ôl blwyddyn, felly y bu. Ymddangosent ar y sgŵar nes i'r mamau droi'n neiniau. Daeth y byd i glywed am eu cariad a'u colledion. Daeth rhai atynt i gefnogi eu cri am gyfiawnder.

O dipyn i beth, wrth gadw'r fflam ynghyn, daeth cwsg yn ôl yn gysurwr iddynt.

Eto, cymar a'm cymerodd,

SI HEI LWLI SIAPAN

Pan gyrhaeddodd faes awyr Tokyo roedd ei gyfaill yn ei gyfarch drwy ddweud fod ganddo syrpréis iddo. Syrpréis oedd y peth olaf yr oedd am ei gael ar ôl y daith hir o Gymru.

Tynnodd ddau docyn o'i waled, 'Ry'n ni'n mynd i gyngerdd heno.'

'Heno? Ond mae hi'n agos i chwech o'r gloch nawr.'

'Digon o amser am bryd sydyn ac yna gallwn fod yno'n hawdd.'

Bwytaodd ei nŵdls gan ddyheu am ei wely, ond cafodd ei hun o fewn dwyawr mewn ciw o bobl yn disgwyl mynediad i'r cyngerdd.

'Paid â disgwyl cofio popeth,' meddai ei ffrind wrtho, cyn ychwanegu, 'Gorau oll y lleiaf ti'n ei gofio, achos dyna sy'n profi llwyddiant y cyngerdd.'

Ni wyddai beth oedd yn ei ddisgwyl. Gwelodd wynebau rhai o'r cerddorion ar boster a llun lliwgar o'r gerddorfa.

'Does dim rhaglen gyda llaw,' meddai ei ffrind wrth fynd am eu seddau gyda thywysydd yn rhoi clustog yr un iddynt ar ffurf braich wedi ei stwffio gyda defnydd pyjamas. Yna, wrth eistedd, sylweddolodd bod y seddau yn medru plygu yn ôl fel gwelyau.

O weld ei wyneb, dywedodd ei gyfaill dan chwerthin, 'Bydd yn dipyn o gyngerdd.'

Yna, wrth i'r perfformiad gychwyn, dwysaodd y goleuadau nes eu bod mewn tywyllwch llwyr. Yn dawel, clywyd nodau *Clair de Lune*, Debussy. Meddyliodd am y lloer a'r ffurfafen y bu'n eu tramwyo rai oriau ynghynt. Trodd y gerddoriaeth wedyn at drydydd symudiad Symffoni 9 Beethoven: *Adagio Molto e cantabile,* yna, *Y Planedau* gan Holst. Ond er mai cerddor ydoedd, chlywodd e fawr ddim o weddill y cyngerdd nes i larwm ar ffurf picolo ddynesu at ei glustiau, â'r geiriau *'mon plaisir'* – fy mhleser.

'Wnest ti fwynhau dy gyngerdd cwsg cyntaf?' gofynnodd ei gyfaill. Sut oedd ateb cwestiwn pan na allai gofio dim ond ei fod ymhell bell i ffwrdd yn croesi'r planedau.

---

caniatáu imi'r cyntun wrth gamu trwy einioes,

MAKURA NO SOSHI

Clasur o lenyddiaeth Siapan yw *Makura no Soshi, The Pillow Book of Sei Shonagon*, a gyfieithwyd i'r Saesneg gan Ivan Morris. Dyma'r math o nodion ar obennydd y byddai dynion a menywod yn eu cyfansoddi wrth ymneilltuo i'w stafelloedd gyda'r nos a'u cadw yn agos wrth ochr eu gwelyau, efallai mewn drorau yn eu gobenyddion pren gan nodi argraffiadau bob dydd, traddodiad sy'n parhau hyd heddiw.

*

INEMURI

Gair Siapaneaidd am fod yn cysgu ond yn bresennol hefyd.

Gwelir plant yn cysgu wrth sefyll ar eu traed mewn bws, seneddwyr yn cysgu mewn Cynulliad, a chaiff ei gymeradwyo a'i weld fel math o synfyfyrio neu feddylu wrth gau llygaid am fyrgwsg.

Cred Siapaneaid ei bod yn well cysgu yng nghwmni pobl eraill. Wedi'r swnami, bu'n rhaid iddynt gysgu mewn llochesi arbennig; ac ar wahân i'r tensiynau arferol o gyd-fyw, llwyddon nhw yn rhyfeddol i adennill eu rhythmau cysgu. Bydd llawer o'u plant hefyd yn cysgu gyda'u rhieni tan oed ysgol.

Ai oherwydd bod pobl yn cysgu mor dda yn Siapan y ceir troseddu isel yno?

---

rhoi annedd yn fy meddiant,

ADIOSICA

Yn Guatemala, cyfarfu â chyfaill coleg a aeth ag ef i gymunedau lle roedd cwsg yn cael ei barchu a breuddwydion yn gysegredig. Mynnai iddo gael ei drwytho gan y gred bod yr ysbryd – *adiosica* yn gadael y corff gyda'r nos gan fynd ar daith a dychwelyd yn y bore. Yn aml meddai, byddech yn gwybod yn iawn bod yr ysbryd wedi dod yn ôl wrth glywed chwa o awel yn cyrraedd eich ffroenau. Yr hyn a wnaent wedyn oedd cwpanu'r dwylo, a chwythu i mewn iddynt gan ddweud 'diolch'.

Ni wyddai'r cyfaill o Gymru ai hudoliaeth y wlad a'r swynfyfyrion hyn a wnaeth iddo feddwl am y ffordd yr oedd breuddwydion yn dal gafael gan fynd â chi i gwrdd ag *ajaw* a'ch hynafiaid? Byddent yn eich tywys gan ddatgelu eich *nawal*, tynged. *Suenos son real, son realidad*; mae breuddwydion yn real, maen nhw'n realiti.

Aeth y ddau gyfaill i adeiladau *wayib*, lle roedd brenhinoedd Maiad yn chwilio am yr ysbrydion am mai yn ein breuddwydion y gwelwn ein heneidiau. Yn ffodus, chafodd y Cymro yr un freuddwyd gas tra bu yno neu byddai wedi gorfod wynebu seremoni i lanhau'r corff o'r hyn a freuddwydiodd gyda bydwraig, *comadrona*, a'i gwaith o ryddhau'r freuddwyd o'i gyfansoddiad.

Dychwelodd i Gymru gan ddyheu am weld y byd breuddwydiol yn rhan greiddiol o'i fywyd.

Gorau breuddwyd a welir lliw dydd.

fu'n ennaint am fy mhen.

CHERNOBYL

Mae trychineb niwcliar Chernobyl, 26 Ebrill 1986, yn un o nifer o ddamweiniau angheuol gyda chwsg yn cael y bai am gamgymeriadau gweithwyr hwyr y nos.

Bu tanchwa o adweithydd â channoedd o dunelli yn fwy o ymbelydredd yn cael ei ryddhau na'r hyn ddisgynnodd ar Siapan yn ystod yr Ail Ryfel Byd. Cyhuddwyd rhai o esgeulustod, ac anfonwyd criw bychan a aberthodd eu bywydau eu hunain i atal yr ail danchwa, a fyddai, oni bai am ei gweithredoedd dewr, wedi lledu dros hanner Ewrop.

> *
> Pwy all brofi bod
> y byd i gyd yn cysgu?
> Ond ar ddi-hun faint
> o ddiddanwch sydd?
> *

A rhwng cerdded yn fy nghwsg

PIGAU DUR

*Mewn rhai dinasoedd mae pigau dur yn cael eu gosod
i atal y digartre ond cysgodd un y tu allan i siop welyau.*

Sbïwch ar y bri sydd ar fatresi.
Matres bluen wen, un aer,
matres hydwyth neu sbring,
sdim prinder yma wrth i barau gydorwedd arnynt,
cardiau credyd aur mewn llaw.

Gwelaf y cyfan o'r fan hon.
Myfi o'r tu arall heibio,
ond gyda'r nos nesáu a wnaf
cyn i ddwylo budr y dudew fy nal.
Islaw'r ffenest, bydd yr ast a minnau

yn breuddwydio y tu mewn i'r siop,
yn cael noson i'r brenin.
Dro'n ôl, byw yng nghysgod golud y byd
a wnawn,
nes i'r banc wrando ar rai
swanc a'u swae i ni iselhau'r tarmac.

a hwyrnosau o anhunedd

A daeth pigau metel i'n gorffwysfa
gan adael plentyn, myn Duw, heb le
a heb droedle i roi ei ben i lawr.

A'm gadael bellach yn sbio ar firi
matresi, cysgu, matresi, cysgu ...

*

Ydi'r goludog
yn cysgu'n fwy na'r
newynog?

Ydi'r tlotyn
yn breuddwydio am
gyfoeth
a moeth?

*

bu fy myd, yn wely heb ei wneud yn y bore,

Cwsg – am dro ac yn ôl ...

CYSUR

Carthenni o Gymru a wnaeth ddilladu caethweision America.

Cawsom garthen newydd ddoe, un i bob caethferch i orwedd oddi tani. Daw o'r tiroedd pell, drwy ffridd a brwyn lle mae'r defaid fel minnau yn ddu eu crwyn.

Wrth orwedd weithiau, rwy'n meddwl am y rhai fu'n eu nyddu cyn i'r marsiandïwyr eu cario ar longau atom ni yma. Tybed sut beth fyddai bod ar long? Weithiau, rwy'n crynu wrth gysgu ac mae fy nghyfeilles wrth fy ochr yn dweud wrthyf i lonyddu a'm bod fel llong ar fôr garw. Ond sut wyddai hi am long a môr? 'Clywed y meistr yn dweud wrth un o'r gweision,' meddai, a hoffi'r gair 'llong' a 'môr'.

Mae'n braf weithiau cael sgyrsiau fel hyn wrth gysgu yn fy nghroen â'r garthen drosof. Gwnaf yn siŵr bob nos ei bod yn cuddio pob rhan ohonof rhag i'r meistr ddod i sbio a'i anadl yn dew dros fy ysgwydd. Ei syniad ef o ddigrifwch yw cellwair gyda rhai o'r caethweision eraill bod eisiau iddyn nhw roi'r cnwd yn yr ydlan neu y byddai'n dod amdanynt a mynnu rhoi cnawd yn yr ydlan. Yna, byddai'n crechwenu ar bob caethferch o fewn ei glyw.

Dim ond unwaith y flwyddyn y cawn garthen newydd ac felly mae'n rhaid imi fod yn ofalus ohoni a'i phlygu'n ddestlus bob bore ... rhag i'r llygod neu ryw bryfetach ei ffansïo. Yna, allan i'r haul crasboeth eto yr af, a'r gwres fel morthwyl ar fy ngwar.

a phob llen yn ddiobennydd.

ZIMBABWE, 2005

'O mae ysgrifennu am hunllefau wedi dod yn ôl â'r cyfan i mi,' meddai hi.

Own i'n arfer siarad yn fy nghwsg yn dormitori'r ysgol breswyl yn Bulawayo ac yn cael fy neffro gyda chwip ar fy nghefn. 'Dim o'r iaith yna fan hyn,' fydde'r gofalwr yn gweiddi arnaf. 'Does neb i siarad Ndebele, mae'r iaith wedi ei gwahardd. Mae'n rhaid iddi farw. Chi eisie byw?'

Nosweithiau wedyn, a minnau heb fod yn fwy na llances, byddwn yn ofni mynd i gysgu rhag ofn y siaradwn eto yn fy nghwsg, rhag ofn y deffrown i glywed y chwip ar fy nghefn a'r merched eraill i gyd yn flin gyda mi am eu deffro nhw hefyd.

*

MECSICO, 1990

Heno heno hen blant bach,
Dime dime dime hen blant bach,
Fory fory ... a ydych chi'n blant bach?

Mae gwerthwyr y breichiau byrion wedi gwneud eu gwaith am y dydd. Wedi'r rhoi a'r rhannu, derbyn *peso* neu ddwy, eu gweld yn cwrian mewn corneli, eu llygaid yn drwm gan gwsg. Aeth ambell riant i brynu nwyddau neu ddiod a'u gadael yno. Yn ddiymgeledd. Heb wely ymysg holl oleuadau llachar y ddinas hon sy'n anadlu

Ac eto, beunydd, beunos,

gwenwyn. Ac eto, yn bump oed neu lai, gwyddant na thâl hi ddim i gysgu go iawn.
Dibynna eu tynged ar fod yn anweledig, yn llechu mewn corneli, yn dod o hyd i'w
cysgodion mewn cilfachau. Gwelaf un sy'n dal i fargeinio, er iddo edrych fel pe bai
yn hanner cysgu wrth gynnig gwm cnoi i rai sy'n pasio heibio. Af ato a phrynu y
pecynnau o'i law fechan, chwech i gyd. Gas gen i gwm cnoi, ond mi fyddaf i'n

medru cysgu'n well heno o feddwl amdano
wedi gwerthu eu nwyddau a phlesio
ei riant. Ac yn fy nghlyw oferedd fy
ngweithred. 'Paham y gweriwch arian
am yr hyn nid yw fara, a llafur am yr
hyn nid yw yn digoni?'

Bore fory, pa faint bynnag o gwsg
a gaf, mi af i'r un man gyda'r llwyth
o ddonynts a gasglaf o'r siop. Rhai na
werthwyd y noson gynt. Yn y byd hwn,
mae eisiau siwgr i felysu eu bywydau,
a'r jam sy'n arllwys ohonynt i roi lliw
i'w bochau.

yr annedd oedd fy nghyfannedd,

DYGWYL Y MEIRW

Does neb yn cysgu llawer ar ddydd y Meirw ym Mecsico. Y *fiesta* mwya o bob un. Credwn y daw'r ysbrydion atom fel pilipalod brenhinol, yn ddu ac oren. Y *nhw* sy'n datgan dyfodiad eneidiau'r meirw. Rhai dyddiau cyn y *fiesta*, mae'r bobl yn tanio rocedi i'r *angelitos*, y plant hynny a fu farw lai na blwyddyn yn ôl.

Mae'n rhaid inni wneud ein haelwydydd yn gartrefol, addurno blodau melyn wrth y drysau, gosod basgedi'n llawn o losin, bisgedi, a ffrwythau. Byddwn yn mynd â chanhwyllau i'r fynwent ac ar Dachwedd y cyntaf, fydda i'n mynd gyda Mam yno. Bydda i'n gwneud torchau o bren a gwair sych.

Ond er mai gŵyl hapus yw hon, rwy'n cael hunllefau gyda'r nos. Falle am fy mod, wrth gysgu, yn credu y bydd ysbrydion dwi ddim yn eu nabod yn amgylchynu fy ngwely ac yn fy ngalw i fyw atyn nhw ... gan ddweud na fydda i yma am byth a bod popeth yn chwalu yn y diwedd – a chysgod llwch yn fy nilyn i bob man.

*

Dynion a
duwiau yn plygu
ac ildio i gwsg.

– Homer, *Yr Iliad*

*

un lluest a mwnt o lestri i'w llenwi â lleisiau llawenydd

LLEUAD

Roedd gan yr Amerindiaid enwau arbennig
ar y lleuad yn ôl misoedd y flwyddyn.

Ionawr	Lleuad stormus
Chwefror	Lleuad eira
Mawrth	Lleuadd sudd
Ebrill	Lleuad egin glaswellt
Mai	Lleuad flodau
Mehefin	Lleuad fefus
Gorffennaf	Lleuad daranau
Awst	Lleuad gynhaeaf
Medi	Lleuad racŵn
Hydref	Lleuad fesen
Tachwedd	Lleuad farrug
Rhagfyr	Lleuad hirnos

wrth imi dramwyo o hyd y llwybrau yn llygad-bell,

ARFERION CYSGU AR DRAWS Y BYD

Mae traean pobl Ynysoedd Prydain yn cysgu'n noeth, ac mae lle i gredu fod hyn yn llesol ar gyfer rheoli tymheredd ac i deimlo'n agos at eich partner.

Gyda llwythau brodorol, mae pobl yn hoffi cysgu gyda phobl eraill ar resi o fatresi neu welyau *rattan*. Mae'r teimlad o fod gyda'ch gilydd yn rhoi cysur i gysgu'n ddedwydd.

Ers y cyfnod ymerodrol, mae pobl ym Mecsico yn hoffi cysgu mewn hamogau.

Gyda llwythau sy'n hela a symud o le i le fel yn Botswana a Zambia mae pobl yn cysgu pan deimlant fel gwneud hynny – boed yn ystod y dydd neu gefn drymedd nos. Cysgu pan fo blinder yn galw yw'r ffordd orau o gysgu, medd arbenigwyr cwsg.

Ar ynys Bali yn Indonesia, mae pobl yno yn ymateb i ofn drwy fynd i drwmgwsg yn sydyn fel ffordd o ddelio gyda sefyllfaoedd o straen. Caiff hwn ei feithrin ynddynt o oed cynnar er mwyn lleihau'r teimlad o arswyd, pan ddigwydd hynny.

Dywedir mai Affrica yw'r wlad lle mae cysgaduron yn cysgu fwya ac yna'n deffro'n gynnar.

Cyn cysgu bydd pobl yn Tsieina yn golchi eu hunain am eu bod yn credu y dylid edrych ar y gwely fel man o lendid. Drwy wneud hynny gobeithiant gadw eu cynfasau a'u gobenyddion mor lân ag sy'n bosibl. Go wahanol yw rhai o ddefodau'r gorllewin, lle mae'r mwyafrif yn credu mewn cael cawod ar ddechrau'r dydd.

gan synfyfyrio ar fy nhraed

CYFOD DY WELY, RHODIA

Ar ôl i ddyn gael dirwy yn Barcola, Trieste, am hongian ei hamog ar ddwy goeden rhwng y coedwig a'r môr, gwrthdystiodd grŵp o'r enw 'Hamogau Rhydd' gan hongian eu hamogau hwythau yno hefyd. Yr unig broblem oedd hyn: i'r dyn cyntaf hongian ei hamog dros lwybr cerdded cyhoeddus.

a rhoi ar gerdded – freuddwydion. ●

POBL

Y freuddwyd fawr,
un anodd ei deall, ond un
y bydd y breuddwydiwr
yn ei chofio am byth.

– Artemidorus (ail ganrif O.C.)

Cwsg – am dro ac yn ôl ...

CLYTWAITH

Drwy ei fywyd bu'n casglu crysau. Bob man yr âi, ar ei deithiau, pan oedd eraill yn dod nôl â rhyw swfenîr, deuai ef yn ôl â chrys. Crys *paisley*, crys o Jamaica gyda phalmwydd arno, rhai sidan o'r dwyrain pell, rhai gwyn crimp a olygai y byddai'n rhaid iddi fod yn ofalus wrth eu smwddio. Rhai at iws cinio neu briodas.

Pan fu farw, sylweddolodd hi fod ganddo saith deg crys yn y wardrob. Beth allai hi ei wneud gyda'r holl grysau? Dyna pryd y cafodd y syniad o'u torri'n sgwariau mân, a'u troi'n gwrlid.

Treuliodd aeaf cyfan yn mesur y clytwaith, eu gwnïo a'u patrymu at ei gilydd. Gyda phob gwnïad deuai atgof digri neu ddymunol am y tro diwethaf y bu iddo wisgo'r cyfryw grys. Yn awr, darnau ar wasgar oeddynt. Câi ambell bwl o hiraeth hefyd, ond ymlafniodd drwy'r flwyddyn gan ddiweddu'r nosweithiau gyda'r defnydd rhwng ei bysedd.

Hiraethodd am y cnawd y tu ôl i'r wisg ... ond edau rhy dynn a dyr.

Gorffennodd y gwaith. Pan ddigwyddodd hynny, taenodd y cwrlid dros y gwely fel pe'n gwneud seremoni syml. Agorodd botel o siampaen i selio'r dathliad. Parti i un, yn swigod i gyd. A'r noson honno, cysgodd yn well nag a wnaethai ers iddo farw. Cysgodd wyth awr a theimlo ei fod yno yn ei gwisgo hi o hyd â'i gariad.

Pan ddeffrôdd, estynnodd ei llaw i gyffwrdd â'r defnydd. Roedd hwn yn well nag unrhyw gwrlid moethus. Roedd ei chalon wedi ei drwsio – ac yn glyd, am fod ei ysbryd ef yno o hyd.

○ Os deunydd ein breuddwydion ŷm

GWELY TRI BARDD

Edward Thomas

Hoffai gerdded llwybrau Cymru a chael llety ambell dro mewn cwmwd gyda gwesteiwr hawddgar. Ymddiheurodd hwnnw wrth ei arwain i stafell ddigarped digon di-raen ond gyda llenni ysgarlad a llieiniau glân ar y gwely. Beth allai fod yn well, meddyliodd. Uwch ei ben, roedd y nenfwd a'i drawstiau cadarn. Man hyfryd i fwrw'r nos oedd hon a gorffwysfa i'w enaid dolurus. Onid oedd yng Nghymru? Ac yn ôl ei addefiad ei hun, roedd yn Gymro o 5.8 gradd. Rheitiach oedd bod yn fforddolyn ar hyd heolydd cul Cymru a chyrraedd ffiniau cwsg na'r ffyrdd a'i arweiniodd i Ffrainc.

Dylan Thomas

'Ni thores ton dano erioed,' oedd hanes Dylan Eildon. Ond er mai anian y môr oedd ynddo, tonnau stormus a gafodd yn Nhalacharn, a chwsg afrosgo. Cysgu ar fatres a wnaeth ef a'i briod, Caitlin, cyn ffoli ar wely newydd, a throesant o fod yn blant y llawr yn cysgu gyda'r chwilod a'r styllod, i gael gwely newydd sbon. Ond dros dro y bu yno. Ei brynu ar 'apro' a wnaed, a methu â thalu amdano. Bu esmwythach cwsg ar lawr caled yn seiniau llanw'r aber na'r gwely olaf a gafodd yn Efrog Newydd ym mis Tachwedd 1953.

R. S. Thomas

Byw yn ôl y Gair a wnaeth R.S wrth gyfodi ei wely a rhodio i aros gyda chyfaill dros nos. Cododd babell a'i gosod ar y lawnt. Rhagorach ganddo arogl y glaswellt a'r mwswg, a haws oedd gwylio gwawl y lleuad lawn drwy'r cynfas. Melysach oedd gweithio ei nyth ei hun fel y câi gymuno â thelori'r adar yn y bore. Dyma babell ei gyfamod a hyfryd fan iddo droi at ei blygain ei hun.

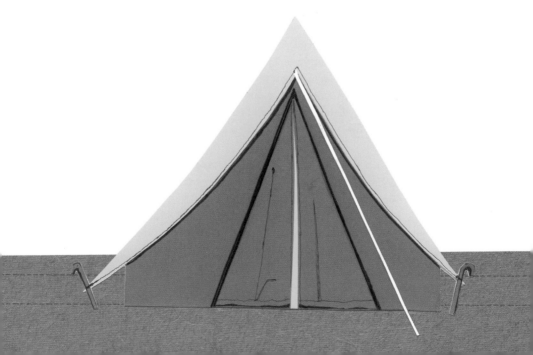

GWAED

Wedi iddo ddychwelyd gyda'r newydd, newidiodd popeth. Pe na bai wedi gorfod cael y trallwysiad gwaed. Nid ef oedd yr unig un i ddioddef. Ceisiodd ei orau i'w chysuro. Ond edliw a chysgu ar wahân a wnaeth gan ddewis y stafell sbâr.

Y noson honno, credodd fod pethau'n gwella. 'Troi cornel' oedd sylw mawr ei dad am bob dim. Ac roedd wedi dyheu am droi cornel yn eu priodas a'r filltir aur o'u blaenau. Byddai'r iawndal am y cam a wnaed ag ef, yn ddigon, meddyliodd, wrth arllwys glasiad arall o siampaen iddi.

Heno oedd achlysur pen-blwydd eu priodas – y pumed, a theimlodd y cynhesrwydd yn dychwelyd rhyngddynt. Gwenodd hithau ac adrodd fel cynt holl hanesion y dydd yn y cartref henoed lle roedd yn rheolwraig. Wedi iddynt swpera, doedd dim amdani ond gofyn iddi a ddylent fynd i'r gwely'n gynnar.

'O'r gore,' meddai cyn ychwanegu, 'ond'. Clywsai ormod o'r gair yna wedi ei aflwydd. 'Na,' meddai'n blwmp ac yn blaen. A gwyddai nad oedd wiw iddo ofyn pam. Bu'r gair yna'n dalp o iâ rhyngddynt ers misoedd bellach.

Cododd a dringodd y grisiau i'r llofft. Teimlodd gymysgedd o emosiynau. Yr oedd yn cael ei gosbi ddwywaith am rywbeth heb fod bai arno. Chwiliodd am yr hanner potel o whisgi a orweddai ar waelod cwpwrdd. Yfodd. A dechreuodd ei feddwl chwildroi.

Pan aeth i'r llofft ati roedd hi'n cysgu'n drwm. Gorweddodd yn dawel yn ei hymyl a thynnu ymylwe'r dŵfe nes gweld ei choesau'n gorwedd yno. Mor dyner ag y medrai dyma roi pigiad fesul pigiad tawel gyda nodwydd o'i waed ef i'w meinwe. Ystwyriodd ond ni ddeffrôdd. Cysgodd yn ei hymyl yn falch o fod yng nghlyw ei hanadl ac yn cydorwedd â'i gilydd unwaith eto.

mor falch wyf o holl gariadon hun,

Fore trannoeth, sylwodd hi fod smotiau pitw o waed ar y dŵfe. Mislif? Na, doedd hynny ddim yn bosibl. Yna, gydag un edrychiad ar ei choes ac yna ar ei gŵr, gwyddai. Ceisiodd yntau edrych i ffwrdd ond methodd â gwadu ei weithred …

Wedi i'r prawf gadarnhau ei hofnau gwaethaf, arestiwyd ef a'i gael yn euog o heintio'i wraig. Er datgan yn y llys ei gariad angerddol tuag ati, ni thyciodd hynny gyda'r rheithgor. Nid yw gwaed bob amser yn dewach na dŵr.

*

Cysgu a breuddwydio mai
paradwys oedd byw,
ond deffro a gweld mai
dyletswydd yw.

*

y rhai sy'n mynd a dod heb edliw

CYSGU GYDA MUSSOLINI

Cefais fy hun mewn bwthyn ger Moel Siabod am wythnos gyfan yn rhannu stafell gyda llun enfawr o Mussolini wrth ochr fy ngwely.

Heno, yn Aber, mae olwyn ddŵr sy'n troi
A'r gwynt yn rhathu a'r nos yn amdoi,
Ac yma, gorweddaf gan swatio'n fy ngwely,
Yn rhwyfus gysgu gyda Mussolini.

Crysau duon yw'r nos sy'n erlid pob cwmni,
Yn dwyn anfri ar sêr y ffurfafen sy'n gloywi,
Ac yma wrth im ofni'r cuwch a'r surni
Rwy'n rhannu'r anhunedd gyda Mussolini.

Ar ochr ei wyneb, mae crachboer y pigment,
A'r plwm sy'n y paent, medd rhai, ac nid henaint,
Nid oes hoen ar hanes, na difa gwrthuni
Wrth im droi fy nghefn ar Mussolini.

A'r darlun ar bared a rydd im, dan glo
Esmwythyd rhyddid heb lun i'm caethiwo,
A chaf fy hun yn chwerthin yn iach yn fy ngwely,
Wrth orffwys yn eofn
– yng ngŵydd Mussolini.

adladd serch.

PEN-BLWYDD

Roedd wedi mynnu y byddai pen-blwydd ei bartner yn bedwar deg oed yn un bythgofiadwy. Bob tro yr holai hi beth oedd yn ei drefnu, gwrthodai ddweud wrthi ond gyda gwên gynllwyngar. Mynnai y byddai'n sicr o blesio.

'Cofia dwi ddim am barti syrpréis a phawb yn deifo o'r tu ôl i lenni, diolch yn fawr.'

'Na, does dim rhaid i ti boeni ... achlysur i ni'n dau fydd e, pell i ffwrdd oddi wrth bawb.'

'Pa mor bell?'

'Digon pell.'

Yr unig awgrym a roddodd, cyn iddyn nhw adael am y maes awyr, oedd y byddai'n daith gerddorol gofiadwy iddynt. A! meddyliodd. New Orleans! Caent gyfle i glywed bandiau o bob math a chrwydro'r ddinas enwog am ei cherddoriaeth.

Oriau'n ddiweddarach, roedden nhw ar y ffordd i Montreal. Ceisiodd guddio ei siom. Hwyrach bod yna gyngherddau gwych i'w cael yno hefyd – yn ogystal â ... na, rhaid oedd anghofio'r freuddwyd honno.

Pan gyrhaeddon nhw dderbynfa'r gwesty, roedd wedi ymlâdd. Edrychodd o gwmpas. Digon dymunol, meddyliodd, ond wedyn roedd pob gwesty pum seren yn debyg iawn i'w gilydd y dyddiau hyn.

Yn y lifft, i lawr 17, rhybuddiodd ef nad oedd y stafell hon fel pob stafell arall yn y gwesty. Mynnodd ei bod yn cau ei llygaid pan fyddai'n agor drws y stafell ac y byddai'n ei harwain i mewn.

'Wel' meddai. 'Beth wyt ti'n ei feddwl?'

Edrychodd o gwmpas. Stafell gwesty oedd stafell gwesty.

'Beth am y lluniau ar y wal,' meddai'n gyffrous.

Collodd ei hanadl am eiliad.

'Wel?'

Heb na chur na dial,

'Dw i ... ddim ... cweit yn ... deall,' meddai gan seibio rhwng pob gair a lefarai.

'Dyma'r union stafell y bu Yoko Ono a John Lennon ynddi yn cynnal protest heddwch*.'

Eisteddodd ar y gwely rhwng perlewyg a syndod. Mae'n amlwg fod 'union' yn golygu rhywbeth iddo ef. Ond 'union' Saesneg a ddeuai i'r meddwl ac uniad pob un yn wahanol.

'Ti'n dawel,' meddai wedyn.

'Ry'n ni wedi dod yr holl ffordd o Gymru i ... stafell lle buon nhw am rai dyddiau. Oes yna rywbeth arall?'

Edrychodd fel pe bai ei fyd wedi disgyn yn glatsh cyn dweud, 'Wel oedd dy fam yn ffan mawr a finne wedi meddwl y bydde'n neis dathlu hanner can mlynedd i eleni, 1969, pan ddaethon nhw yma i'r gwesty hwn i gynnal eu protest yn erbyn y rhyfel yn Fietnam. '*Give peace a chance.*' Dechreuodd ganu cyn ychwanegu – 'cofia gawson nhw hanner cant o bobl i'w ganu.'

'Mae Mam yn ffan,' meddai gyda thuch yn ei llais.

'Ie wel, mae'n ffordd o ddathlu heddwch hefyd – roedd hi'n mynd i Gomin Greenham a ...

'Falle y dylet ti fod wedi dod â hi ...'

Am rai munudau, ni allai ddweud dim ond syllu ar y *memorabilia* o'r ddau, Yoko a John yn y stafell a'r ffaith iddo fynd i'r fath drafferth i roi syrpréis iddi. Falle y bydde cael ffrindiau'n ymddangos o'r tu ôl i glawdd wedi bod yn fwy derbyniol wedi'r cyfan ...

'Ti'n falch, on'd wyt? Mae e wedi costio – wel, doler neu ddwy.'

'Alla i weld ei fod wedi costio ffortiwn, siŵr o fod.'

'Dim ond unwaith rwyt ti'n bedwar deg, ontife? A chyda llaw, fe ddaethon nhw yma heb ddoler rhyngddyn nhw, ond bu'n rhaid i Apple dalu deg mil o ddoleri ar ôl iddyn nhw adael.'

---

ffolinebau unnos y gwyll a'n dal

'Deg mil o ...?'

'Paid â phoeni, dim ond dwy noson ry'n ni'n gallu ei fforddio gwaetha'r modd, ac mae gweld dy wyneb yn ddigon. Mae cymaint o bobl am ail-fyw'r profiad hwn.'

'Oes gen ti byjamas gwyn i fi fel odd 'da John?' meddai'n swta.

'Wrth gwrs, rhan o'r pecyn.'

Dychwelodd o'r stafell molchi gyda dau bâr o byjamas a dechrau dadwisgo.

'Odyn ni'n gorfod galw'r wasg i dynnu ein lluniau?' meddai yn ei llais dicllon.

'Gallwn dynnu hunlun, neu falle y cei di ysbrydoliaeth i ysgrifennu cân newydd am heddwch ac y gelli wneud un gwell nag *Imagine*?'

'Neu gân am ŵr sy'n gwneud y pethe mwyaf gwallgof er mwyn plesio ei wraig.'

'O'n i'n gwybod y byddet ti wrth dy fodd. Bues i'n meddwl am fynd i rywle fel New Orleans, ond mae hwn yn llawer mwy cofiadwy, on'dyw e?'

Gwenodd.

I feddwl iddyn nhw deithio yr holl oriau i orwedd ar ei phen-blwydd mewn gwely lle cysgodd enwogion, unwaith.

Pwdodd hi.

Gwrthdystiad dros heddwch a ddaeth i sylw'r byd oedd y bed-in a gafodd Yoko Ono a John Lennon ar eu mis mêl yn 1969 gan dreulio pythefnos yn y gwely.

---

nes i'r wawr a'i noethni pur-las

DAMEG

Ganol nos oedd hi pan oedd rhai'n ymgasglu fel gwenyn meirch o gwmpas fy ngwely. Perthnasau a chymdogion yn ubain fel bwystfilod. Cau llygaid oedd orau imi. Clywed nhw'n dweud 'mod i'n anadlu'n araf ac isel. Wel, wrth gwrs yr oeddwn. Beth arall wnaiff rhywun pan fydd cynulleidfa o gwmpas eich gwely? Roedd yn haws anwybyddu'r cyfan. Un swil o'wn i, pa eisie swae? A phawb yn tyrru o gwmpas fy ngwely. Mam yn dweud bod y diwedd ar ddod.

Ond rown i wedi cael digon ar eu ceryddu. Ddim yn cael mynd allan i gwrdd â ffrindiau, na mynd i'r farchnad chwaith na gwylio'r llanc oedd yn cerdded rhaff o un to'r deml at goeden gedrwydd fawr. Wyddwn i ddim y byddai'r fath drafô ynghylch fy iechyd, a 'nhad wedi mynnu cael rhywun i ddod i 'ngweld. Un peth da oedd iddo hel pawb o'r stafell. Synhwyrodd, rwy'n credu, nad oedd fy llygaid yn hollol ar gau. Ceisiais agor cil amrant yn slei bach i weld pwy oedd e.

Yn sydyn dywedodd, '*Talitha cumi.*' Do, gwelodd mai ffugio yr oeddwn i osgoi gweini a bod dan glo yn y tŷ. Wedi'r cyfan, roedd marw yn well na byw fel 'na. Ond wedi iddo ofyn imi godi, mi wnes. A phawb yn llamu mewn llawenydd.

Faint o weithiau rwy wedi adrodd y stori hon, dwedwch, am fy un eiliad o, wn i ddim beth i'w alw, 'sylw' falle? Gwyrth, medd rhai. Ond waeth imi heb â'u siomi. Mae'r gwir weithiau mor wirion.

> Ar hyd y canrifoedd, mae rhai merched wedi dewis gorwedd yn y gwely, oherwydd syrffed, iselder neu ddiffyg awydd i fyw.

droi'n wlith y bore

GWELEDIGAETHAU Y BARDD CWSG

Ellis Wynne (1671–1734)
Un o'r darnau mwyaf nodedig yn ein llenyddiaeth am 'gwsg' a 'gweledigaethau'.

... daeth arnaf hepian uwchben fy mhapur a hynny a roes le i'm Meistr *Cwsg*
i lithro ar fy ngwarthaf. Braidd y cloisau *Cwsg* fy synhwyrau, nad dyma'n cyfeirio
ata'i rhyw *ddrychiolaeth* ogoneddus, ar wedd gŵr ieuanc tal a glandeg iawn, a'i
wisg yn saith wynnach na'r eira, a'i wyneb yn tywyllu'r haul o ddisgleirdeb, a'i
felyngyrch aur-gydynau yn ymranu'n ddwybleth loyw deg oddiarnodd ar lun
Coron. Tyred gyda mi ddyn marwol! Ebe ef, pan ddaeth ataf: Pwy wyt ti Arglwydd?
ebe finnau. Myfi, ebe ef, yw Angel teyrnasoedd y gogledd ...

...Tyred allan ysbryd, a dibridda! Ebe ef a'i olwg ar i fyny: a chyd â'r gair, mi'm
clywn yn ymryddhau oddi wrth bob rhan o'r corff, ac ynteu yn fy nghipio i fyny i
entrych nefoedd, trwy fro'r mellt a'r taranau a holl arfdai gwynias yr wybr, aneirif
o raddau'n uwch nag y buaswn gydag ef o'r blaen, lle prin y gwelwn y ddaear cyfled
â chadlais. Wedi gadael i mi orffwys ychydig fe'm cododd eilchwyn fyrddwin o
filltiroedd, oni welwn yr Haul ymhell oddi tanom, a thrwy'r *Caer gwydion*, ac
heibio i'r *Twr dewdws*, a llawer o sêr tra mawr eraill i gael golwg o hirbell ar
fydoedd eraill. Ac o hir ymdaith, dyma ni ar derfynau'r anferth Dragwyddoldeb ...

– blith draphlith.

BREUDDWYD JONA

Sleifio i mewn wnes i pan oedd y llong ar gychwyn hwylio. Welodd neb fi, heblaw'r gath oedd yno i ddal llygod. Ond pan ddaeth storm, cysgu yr o'wn i mewn cwpwrdd gyda'r drysau wedi cau. Daeth y capten a'm darganfod. Ac meddai, 'Ti yw achos y storm fawr yma, ti'n credu iti gael teithio heb dalu am dy le pan fo'r lleill wedi talu'n ddrud i geisio ffoi i fannau gwell?'

Doedd dim amdani wedyn ond i mi godi a mynd ar y dec a gweld fod pawb am

fy ngwaed ac yn fy ngalw i'n 'waed gwirion'. Dyma ddau yn rhoi hergwd nes fy hyrddio i'r môr mawr. Ond llyncwyd fi gan bysgodyn enfawr. Yn ei grombil fues i am ddyddiau lawer yn gwmni i'r holl blastig oedd yn ei ymysgaroedd. Rhaid iddo fod wedi teimlo'n sâl gyda'r fath bwysau nes iddo fy nhaflu i fyny i'r tonnau mawr. Llwyddais rywsut i gael 'pas' gan griw pysgota oedd gerllaw. Pan ddwedes imi gael fy llyncu'n gyfan gan bysgodyn, chwerthin wnaeth pawb a dweud ei bod hi'n stori dda. Gofynnodd un wrthyf a oeddwn yn gwybod am yr hanes yn y Beibl. Pan edrychais yn syn arnynt, chwerthin yn uwch a wnaethant gan ddweud y dylid fy ailfedyddio yn Jona.

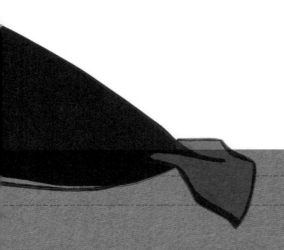

GWELY GWAG

Hynod beth y paentwyr yw'r ddelwedd o ferch
ar wastad ei chefn ar wely neu yn cysgu.
Darlun tra gwahanol a luniodd Tracey Emin.

Gwelodd ei bywyd fel gwely gwag
Cynfasau ar led.
Gwag o'r cariad unnos
Gwag fel y botel fodca ar lawr.
Gwag fel diweddebau sigarennau llwyd,
Gwag fel llopanau a'r taslau coch,
Gwag fel y nicyrs, staen gwaed arnynt.
Gwagedd o wragedd ac un wraig
Ar erchwyn ei bywyd, ei gwely'n arch,
Llongddrylliad ar ynys anial.

Ac o'i gwely, loes ei heinioes
Yn un â'r ormes o oes i oes,
Yr eneth absennol—
Eto nid yw'n gorwedd
I ddiwallu gwanc y paentwyr.

Diflannodd, cododd,
Ei diffyg cwsg
Mewn lleiniau blêr.

Oriog pob oed, chwiw a chwilfriw

Gwelodd ryfeddod newydd,
O'r hen ffordd o fyw.
Adfywiodd. Gadawodd y ddelwedd,
Damniodd y llun â'r ddameg.
Llonnodd. Lluniodd.
Rhannodd ryfeddod.

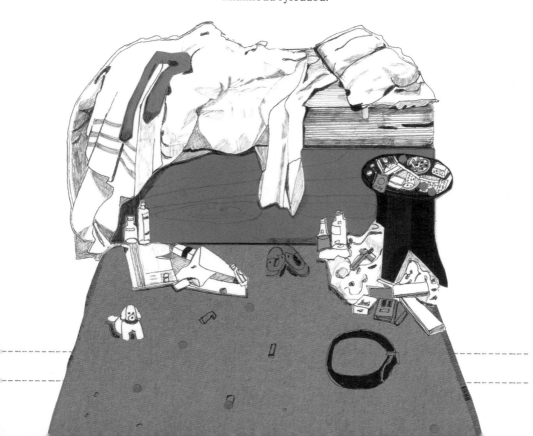

LEE HADWIN, YR ARTIST CWSG

Gall cysgu greu rhyfeddodau. Dychmygwch blentyn pedair oed yn deffro ac yn sgriblo ar waliau ei gartref. A meddyliwch wedyn am yr un person yn ystod ei lencyndod yn gadael y darluniau mwyaf cywrain ar yr un waliau. Dyna lwybr bywyd un artist o ogledd Cymru, Lee Hadwin, sydd erbyn hyn yn arddangos ei weithiau celf ar draws y byd ac yn cael ei gydnabod fel artist 'cwsg.' Y rheswm am hynny yw mai dim ond pan yw'n cysgu y gall arlunio.

Un portread hynod yw un Marilyn Monroe, a luniodd yn ei drwmgwsg. Pam, ni all ddweud, heblaw ymdeimlo gydag eicon trasig y chwedegau. Mae ei luniau eraill yn rhai arallfydol fel y byddech yn ei ddisgwyl gan un sydd erbyn heddiw yn gadael darnau o bapur ac offer darlunio ar hyd ac ar led ei gartref fel y gall eu darganfod yn y bore yn llawn creadigaethau newydd.

Gelwir ef yn artist unigryw gan y rhai sy'n ymddiddori ym maes cwsg a bu o dan chwyddwydr clinigau cwsg am na welwyd ei debyg. Ac i feddwl i'r artist ddod yn adnabyddus yn gyntaf gydag arddangosfa a gynhaliodd yn llyfrgell Dinbych. Erbyn hyn, daeth i sylw orielau celf ar draws y byd celf gyda chwmnïau gwelyau yn ei noddi. Bu'n destun sawl rhaglen ddogfen am ei ffordd anarferol o greu celfyddyd.

Rhyw ddwywaith neu deirgwaith yr wythnos y medr wneud ei ddarluniau gan godi o'i wely a chreu, er y gall misoedd fynd heibio weithiau heb yr un llun.

Cerddor yw yn ei fywyd bob dydd, ac mae'n un sy'n gwneud llawer o waith elusennol. Dyna brawf arall eto bod cwsg yn gallu dygyfor â bywyd sydd y tu hwnt i freuddwyd. Gan wneud ei lwyddiant hefyd yn un freuddwyd hardd.

ânt, ar amrant llygad, ffoi ar frys

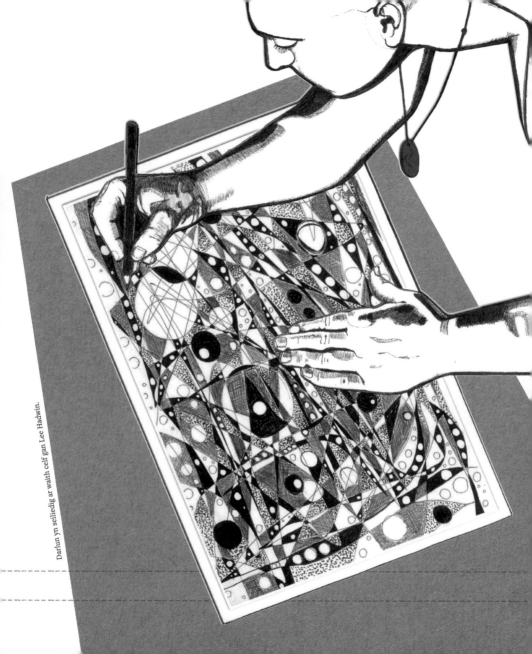

Darlun yn seiliedig ar waith celf gan Lee Hadwin.

CWSG CREU

Heb freuddwydio, beth fyddai'n cael ei greu? Mewn llawlyfr *50 Secrets of Magic Craftsmanship*, ar gyfer darpar artistiaid, ysgrifennodd Salvador Dali am y dull o gysgu tra ydych yn effro ac y dylid eistedd i lawr am hoe fach gan ddal allwedd drom yn un llaw. Yna, wrth lithro i gysgu byddai'r allwedd yn syrthio a byddai ei sŵn yn deffro'r cysgadur gan roi mynediad iddo i ddelweddau a rhith weledigaethau: y pethau sy'n sgubo drwy'r meddwl ar gychwyn cysgu.

ARBRAWF

Pan ddechreuodd siarad ar hyd ac ar draws, heb wneud llawer o synnwyr, gwyddai ei bartner ei fod yn cael pwl o iselder. Gwadodd i ddechrau, gan fynnu na allai doctor gael amser rhydd i fynd yn sâl. Roedd yn chwerthin bob tro wrth adrodd am rai o'i gleifion yn dod ato gan holi'n gwrtais, 'Sut ydych chi?' Taerodd y byddai'n chwythu llu o gyffesion atynt un diwrnod. Ond dyma'i ŵr yn awr yn crynhoi'r hyn a ofnai yn dawel bach. Oedd, roedd pethau wedi mynd i'r pen a rhaid oedd iddo drechu'r felan yn ei ffordd unigryw.

Dyna pryd y defnyddiodd ei hun yn destun arbrawf. I roi ailwifriad i'w gloc biolegol, penderfynodd i fod yn effro am bedair awr ar hugain, deirgwaith o fewn wythnos gron. Byddai'n dilyn noson ddi-gwsg gan gysgu'r noson ddilynol er mwyn gweld a fyddai'n dileu'r teimladau isel.

Paratôdd bethau i'w gwneud yn ystod yr oriau effro: gwrando ar gerddoriaeth glasurol, mynd am dro i wylio'r sêr o'i delesgôp, pobi bara a darllen nofelau ditectif. Y peth pwysicaf oedd peidio â mynd i gysgu – hyd yn oed am amrantun.

Wfftio ei arbrawf a wnaeth ei ŵr wrth godi'n y bore, gan fynnu y byddai noson dda o gwsg yn gwneud byd o les iddo. Ceisiodd hwnnw, amser brecwast, adrodd ei freuddwyd wrth y meddyg, ond roedd e ar goll mewn ryseitiau ac yn gwneud rhestr o gynhwysion ar gyfer swper y noson honno.

'Ti'n fywiog y bore ma,' oedd ei unig sylw cyn brasgamu allan o'r tŷ.

Ac yn wir, roedd yn teimlo'n sobr o egnïol. Yn hwyliog hefyd. Cysgodd y noson honno yn braf gan awchu am barhau â'i arbrawf y noson ddilynol. Erbyn diwedd yr wythnos yr oedd wrthi'n paratoi astudiaeth achos ohono'i hun i'w gyflwyno i'r ysbyty. Tybed nad oedd wedi taro ar ddull anghonfensiynol o drin iselder?

---

o rith a rhwysg ein cwsg

Gwyddai, ymhen hir a hwyr y byddai amheuwyr o bedwar ban byd yn ceisio gwrthbrofi ei ddarganfyddiadau. Oni fyddent yn dweud ei fod wedi colli ei bwyll yn llwyr ac y dylai gael ei drin gan feddyg arall? Ar unwaith.

Ond roedd yn barod i wynebu'r frwydr honno. Yn bwysicach fyth, roedd yn barod i ddatblygu ei ddamcaniaeth ymhellach fel y gallai, pan fyddai'r claf nesaf yn gofyn iddo, 'Sut ydych chi?' ei ateb yn dalog fyddai, 'Rwy'n dda iawn diolch.'

Mewn ysbyty ym Milan, arloesodd seicolegydd ddull newydd o wella cleifion gydag amddifadedd cwsg, ac mae sawl ysbyty arall yn treialu'r dull hwn. O safbwynt arall, ac yn rhyfedd iawn, amddifadedd cwsg yw un o'r tactegau a arferir gan wladwriaethau gormesol fel dull o arteithio eu gwrthwynebwyr.

*
Byr ei hun, hir ei hoedl.
Ni ddaw da o drachysgu.
– Hen ddihareb
*

dychweledigion yr hwyrnos

CIPIO CWSG

Ceir hanesion am rai a geisiodd dorri'r record o fod ar ddi-hun yn hwy na neb arall, ond diweddglo trist sydd i'r rhai a geisiodd wneud hynny. Newidiodd un ei bersonoliaeth yn llwyr nes dechrau cael gweledigaethau a drychiolaethau, a bu eraill farw. Dyna pam nad yw *Llyfr Guinness* yn nodi'r record am aros yn effro, bellach, am ei fod yn rhy beryglus.

*

SUO-GÂN

Cwsg am dro ac yn ôl oedd bwriad Max Richter gyda'r gerddoriaeth wyth awr a grëwyd wedi iddo ystyried y seiniau a glyw baban yn y groth, gan ddynwared y nodau isel.

O am ddychmygu cael bod yn un o'i gyngherddau fel y rhai fu'n gorwedd ar un o'r 560 'cot' yn yr awyr agored yn Grand Park, Califfornia. Creu cerddoriaeth dangnefeddus a'i rannu rhwng dieithriaid oedd ei nod. A'u hesmwytho o bob dolur wrth ymdawelu gyda'i gilydd.

Bellach, pan na fedraf gysgu, gwrando wnaf ar ei 'Si hei lwli' a'm suo i gysgu; fy rhyddhau o'm holl rhwymau.

ac i'w simsanau swil

ANGEL

Ar yr wythfed dydd ...

Weithiau mae chwarae'n troi'n chwerw. Un dydd, fel dwy chwaer fe ddechreuon ni esgus bod yn 'rhywun arall', gan actio'r person hwnnw am y dydd nes oedd hi'n bryd noswylio. Ond cafodd Sarah rhyw salwch rhyfedd un dydd, ac i wella, cafodd ei symud o'r gwely a rannem i gysgu yng ngwely Dad a Mam. Roedd hi'n dechrau mwynhau gorwedd yno yn cael yr holl sylw, tra oedden ni'r nythaid o blant yn gorfod cerdded i'r ysgol trwy law mawr a glaw ŵyn bach.

Fe gafodd hi'r sylw i gyd ar ôl hynny. A dechrau actio fel 'rhywun arall', wrth ddarllen ei Beibl a gweu rhigymau bach. A phan fyddwn i'n dod o'r ysgol, yn wlyb diferu, dyna lle bydde hi'n eistedd i fyny yn y gwely, ei gwallt yn daclus, a Mam wedi ei gwisgo fel pe bai'n dywysoges. A dyna pryd y newidiodd.

'Dere, coda i fwyta wrth y ford gyda ni gyd,' glywes i Mam yn dweud, a 'nhad, 'Daw bola'n gefen, cofia.' Ond aros yn y gwely mawr wnaeth hi a dechrau siarad am 'angylion'

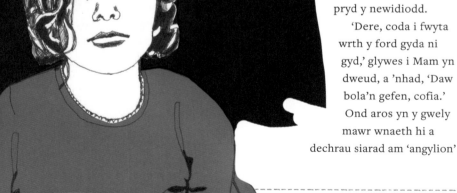

nad oedden nhw'n bwyta, a'u bod yn siarad â hi gyda'r nos. Ac wedyn, byddai'n adrodd o'r Beibl, 'ac ymprydiwch drosof, peidiwch â bwyta nac yfed ddydd a nos.'

Wedi hynny, roedd hi fel tase hi'n bell i ffwrdd mewn byd arall. Ac yn gwrthod bwyd gan fyw ar y gwynt. Unwaith neu ddwy, fe sleifiais fwyd a'i roi o dan ei chesail, tafell o fara gradell, dŵr haidd ac ambell sleisen o gig. Ond trodd ata i a dweud – mai bara angylion Duw oedd ei hymborth a'r angylion yn gwledda gyda'u pelydrau anweledig. Wnes i addo iddi na ddwedwn wrth neb, mai ein cyfrinach ni ydoedd.

A phan ddechreuodd rhai ddod i'r tŷ gan godi cwenc a holi Mam a Dad amdani, dechreues feddwl falle ei bod hi'n wahanol i ni wedi'r cyfan. Daeth nyrsus a doctoriaid, ond doedd neb yn deall sut y medrai fyw heb fwyta. Ond cadwes fy ngair heb ddweud wrth neb ei bod hi'n gweld angylion. Fydden nhw'n siŵr o feddwl ei bod hi'n wallgo wedyn. A hyd yn oed pan ddechreuodd rhai gyhuddo fy rhieni o esgeulustod, roedd hi'n rhy hwyr... A hithe'n un mor ddi-droi-nôl. Finne'n meddwl y bydde'n rhannu ei gweledigaethau ganol nos gyda phawb ... ond roedd yn rhy hwyr.

Flynyddoedd wedyn, roedden nhw'n dal i siarad amdani, ond fy chwaer fawr i oedd hi, un oedd yn rhannu sbri a chwerthin yn y gwely gyda fi gerfydd nos. Dwedodd ambell un pe bai hi wedi ei geni yn Ffrainc* neu mewn gwlad dros y dŵr, lle roedd merched yn ymprydio dros Dduw, yna, byddai wedi ei galw'n santes. Yn lle hynny, chwedl yw. Neu angel efallai?

* *Holy Anorexia: seintiau o ferched oedd fel Thérèse o Lisieux neu Catherine o Siena ac eraill, yn aberthu eu cyrff er mwyn eu cred ac wedi eu llwyrfeddiannu gan rywbeth heblaw anghenion y corff.*

MARILYN MONROE

Ar ddiwedd ffilmio The Misfits yn Reno, Navada, a hithau'n dioddef o anhunedd difrifol, dywedodd:

'Does neb yn gallu dweud wrtha i, pam rwy'n cysgu mor wael, ond rwy'n gwybod unwaith i fi ddechrau meddwl amdano – mai cwsg ffarwél yw.'

*

SGRECH MUNCH

Rwy'n gorwedd yn fy ngwely yn darllen Blaise Pascal unwaith eto. Ysgrifennodd yn 1654 mai holl broblemau'r ddynoliaeth yw anallu dyn i eistedd yn dawel mewn stafell ar ei ben ei hun.

Yn 2019, prif broblem y ddynoliaeth yw anallu pâr i orwedd yn dawel mewn stafell wely heb oleuadau'r sgrin sydd yn eu datgysylltu â dudew y nos. Sgrech Munch sy ar y sgrin. Hud – na.

*

Cwsg – bywyd y meddwl a heb yr ymdrech i ganolbwyntio.

– Bergson

*

chwarddwn. ●

GWÊN

*Chwerthiniad da a chwsg
hir yw'r moddion gorau
yn llyfr y meddyg.*

– Dihareb Wyddelig

PRY GWELY DIGENEDL

Mae pry gwely yn cael eu denu i gabanau mynyddig, ac argymhellir bellach i deithwyr osod eu sachau cysgu yn y rhewgell wedi iddynt gyrraedd er mwyn eu lladd. Meddai'r llefarydd 'pa wlad bynnag yr ewch, nid yw pry gwely yn cydnabod ffiniau.'

*

SUO DEFFRO

Breuddwydiodd ei fod allan yn y trofannau, ymhle yn union, ni wyddai. Yna, rhwng cwsg ac effro, clywodd seiniau rhyfedd. Taerodd fod yna rywrai eraill yn yr un gwely ag ef – nes cynnau'r golau a gweld ei adlewyrchiad yn y drych gyferbyn. Doedd neb yno ond ef ei hun yn ei wely newydd sbon. Noson ar ôl noson, breuddwydiai am balmwydd, am gactws, a thaerodd iddo weld neidr neu ddwy yn ei hunlle. Onid holl fwriad cael gwely newydd oedd i gysgu'n well? Teimlai binnau bach ar ei groen ambell fore neu gosi yn ei glust.

Gwnaeth benderfyniad nad oedd am gysgu'r un noson arall yn y gwely newydd ac y byddai'n cysgu'n well yn ei stafell sbâr. 'Mae hyn yn hollol ddwl,' meddai wrtho'i hun wedyn wrth gofio i'r gwely gostio bron i fil o bunnoedd iddo.

Yna, un bore wrth wisgo yn ei stafell wely, gallai daeru bod rhyw sibrydion yn deillio o'r gwely. Cofiodd am y cyfarfod diweddar gyda'r ysbrydegwyr pan oedden nhw'n ceisio cysylltu â rhai o'r tu hwnt i'r bedd. A oedd rhyw ysbrydion yn ceisio dod o hyd iddo tybed? Neu hwyrach bod yna ysbryd yn ei dŷ oedd wedi ei gynhyrfu gyda dyfodiad y gwely newydd. Chwarddodd ar ben ei ddychmygion. Yna, un noson

---

○ Ddieithryn bach,

---

credodd iddo glywed siffrwd o ben y gwely. Doedd dim amdani ond galw llinell gymorth y siop a nodi bod yna rywbeth rhyfedd yn y gwely. Bu'n rhaid iddo eu plagio, ond y broblem fwyaf oedd y ffaith na wyddai sut oedd egluro gwraidd y broblem. Aeth un atebwr mor hy ag awgrymu y dylai weld doctor er mwyn cael tabledi cysgu.

Yn y diwedd, penderfynodd y byddai'n mynnu'r llinell gymorth â'i gwasanaeth Cymraeg. Ac felly y bu. Daeth unig siaradwr Cymraeg y cwmni at y ffôn a chafwyd trafodaeth fywiog rhyngddynt, gyda'r cwynwr yn mynnu 'bod sawl ffordd o gael Wil i'w wely.'

Chwarddodd y ddau wrth i'r atebwr gofio i'w dad ddweud yr ymadrodd doniol pan oedd yn fychan. Wedi tipyn o drafod, anfonwyd arbenigwyr i ymchwilio i'r broblem. Datodwyd rhannau o'r pren, canfuwyd haid o chwilod trofannol yn teyrnasu yno. Nid unrhyw haid chwaith ond y *Kulsi teak borer* o Fietnam a breswyliai'n gysurus oddi mewn i ben y gwely. Ef a'i deulu.

Cawsant fodd i fyw wrth boblogi'n braf ar aelwyd ddedwydd. Gallai ddychmygu hwy'n adrodd am y perchennog cybyddlyd yn gwrthod â gadael i geiswyr lloches gartrefu gydag ef. Synnodd hefyd at frwdfrydedd arbenigwr ar ymlusgiaid, a ddiolchodd iddo am dynnu sylw'r cwmni at chwilod. Roedd y cynnydd yn eu rhywogaeth yn golygu na fyddent yn trengi'n llwyr nac ar restr difodiant, gan iddynt gael eu darganfod yn fyw ac yn iach mewn man mor ddymunol â gorllewin Cymru.

GWNAF

Y dŵfe. Pan ydych chi'n sâl neu'n teimlo'n ddiflas – does dim cysur gwell i'w gael na'r dŵfe. Mae diwrnod dŵfe yn un i godi calon, i roi'r gwrid yn ôl ar eich gruddiau. Yn eich llonni ac yn eich llonyddu.

Pan ysgrifennodd hi'r geiriau hyn wrth gyfansoddi mawl i'r dŵfe ar ei gweplyfr, sylweddolodd iddi ddatgelu rhywbeth dyfnach o lawer, sef ei bod yn caru'r dŵfe gyda chariad pur fel y dur – wel, fel y plu gwyddau o leiaf.

O sylweddoli hynny, doedd dim byd amdani, meddai, ond gwneud yr uniad yn un arbennig o barhaol, un y byddai modd teimlo ymrwymiad a thyngu llw 'er gwell er gwaeth' iddo. Priodas lân – hynny ar ôl anfon y dŵfe i gael ei lanhau, wrth gwrs.

Chwarddodd ei ffrindiau at ei ffolineb. Gwneud stumiau, ysgwyd ei ben a wnaeth ei chariad. Ei rhieni? Wel, roedden nhw'n flin am na fyddai teulu arall yn medru rhannu eu llawenydd heb sôn am gael teulu yng nghyfraith, nac wyrion i ymwneud â nhw. Sut oedd modd cymdeithasu gyda dŵfe?

Aeth hi gam ymhellach drwy nodi dyddiad ei phriodas ar ddydd Santes Dwynwen. 'Fydde'r Santes wedi deall yn iawn,' meddai wrth ei mam wrth ddewis ei ffrog briodas llawn fflownsys, *meringue* llawn sidan. 'Wedi'r cyfan, mae'n ffordd o annog eraill i fod yn greadigol ynghylch eu darpar bartner. A dylai hyn fod yn destun llawenydd i bob un sengl sy'n teimlo'n unig,' meddai. 'A sdim modd teimlo'n unig gyda dŵfe, ta beth,' ychwanegodd. 'Gallwch ei lapio amdanoch, ei wisgo o'ch amgylch, gall fod yn gwcwll, yn sari. Mae'r posibiliadau yn ddi-ben-draw. Dŵfe duw, cariad yw.'

Wedi iddi roi hysbysiad y briodas ar y gweplyfr, daeth fflyd o negeseuon oddi wrth wahanol bobl yn taeru iddynt briodi eu cŵn, eu cathod, eu ceir, eu llopanau. Beth am ei chariad triw? Bu'n rhaid iddo fodloni ar ei rhannu weithiau gyda'r dŵfe, a weithiau'n noethlymun. Hynny neu gysgu yn y stafell sbâr.

pa godi llen mewn man estron

SI HEI LWLI

Cafodd syniad am sefydlu busnes ar ôl gweld yr enw '*Lullaby Nursery*' o ffenest trên. Beth gwell na gwahodd pobl i ganolfan i gysgu am awr fach ynghanol prysurdeb eu hamserlenni gwaith? Gwyddai am sawl un o'i ffrindiau a fynnai bod cael awr ginio yn ddiwerth a'u bod wedi blino ar yr union adeg honno ar ôl bwydo eu plant, eu hebrwng i'r ysgol, yna cymudo ar ras i gyrraedd y gwaith.

Chwiliodd am siop wag yn y dre. Doedd dim prinder o'r rheiny ymysg y siopau elusen niferus a'r siopau punt am bopeth. Perswadiodd noddwyr amrywiol i roi arian er mwyn prynu matresi sengl i'w gosod ar lawr y siop a chael gan yr NHS hen sgriniau a bleinds o gwmpas pob gwely. Dewisodd gerddoriaeth dawel, isel, a fyddai'n hwyluso cwsg, a hysbysebu yn y papur bro am wirfoddolwyr i gysgu dros yr awr ginio. Rhoddwyd blanced i bob un, mewn papur llwyd, wedi eu glanhau, ffôn clustiau a sain hwiangerddi. Aeth ati i chwistrellu peraroglau i awyru'r neuadd fawr: cardamom, almon, patsiwli, ilang ilang a'r neroli nefolaidd yn eu hudo i felysgwsg. Teimlai'r cleientau eu bod, wir, wedi cyrraedd dinas noddfa ymhell o ruthr a mwstwr eu swyddfeydd a dod i fyd synhwyrus a'i awelon sawrus.

Cyn pen dim, roedd yn rhaid dewis siop fwy ei maint, ac erbyn heddiw mae'r cwmni llwyddiannus yn sôn am ehangu, gyda'r alwad am ragor o adnoddau cysgu yn ystod y dydd. Nid oes pall ar y galw am y gwelyau orig sy'n perthyn i'r cwmni 'Hepian Hapus'.

Cais y rheolwyr bellach yw cael awr aur eu hunain yn ystod eu horiau gwaith.

---

sy'n weddus i feidrolyn ofnus

CANU'R NOS

Mae'n wir nad yw pawb yn gwirioni'r un fath, nac yn mynd i'r gwely ar yr un pryd. Bydd mynd i'r gwely'n hwyr i un cymydog yn wely cynnar i un arall. Ond daeth yr heddwch rhwng cysgaduriaid un pentref i ben ei dennyn pan alwyd cyfarfod yn y neuadd i drafod y sŵn oedd yn eu cadw hwy i gyd ar ddi-hun.

Mynnodd rhai bod beicwyr yn sgrechian heibio yn fwy o niwsans na'r un yr oeddynt yno i'w drafod. Awgrymodd un anffyddiwr bod cloch yr eglwys bob hanner awr yn tarfu ar ei gwsg ef. Ond cytunodd y rhan fwyaf mai'r dihiryn, y sawl a oedd y prif gymhelliad dros alw'r cyfarfod, oedd y gwaethaf o'r rhai a enwyd. Ceiliog y ffermwr lleol oedd y troseddwr mwyaf. Dywedodd un gymdoges ei bod yn gorfod cysgu gyda gobennydd dros ei chlustiau rhag ei glywed. Beth oedd o'i le ar blygiau clustiau, awgrymodd un arall. 'Mae'n dod i rywbeth,' meddai un gŵr tanllyd – 'fy mod yn saith deg mlwydd oed ac yn gorfod cael tabledi cysgu oherwydd rhyw greadur bach swnllyd y gallwn yn hawdd ei fwyta.'

'Natur yw e,' meddai'r ffermwr. 'Alla i ddim â'i hyfforddi i ganu dim ond yn y bore bach.' Ond wedi dadlau ffyrnig, penderfynwyd cysylltu â'r awdurdodau gyda'r bwriad o roi ASBO ar y ceiliog neu *'gagging order'*. Mynnodd yr ynad na allai wneud llawer am y mater heblaw ei rybuddio i gadw'r heddwch rhwng deg o'r gloch y nos a saith o'r gloch y bore.

Ymhen hir a hwyr, ac wedi dadlau lawer, addawodd perchennog y ceiliog y byddai'n ei symud ymhellach i lawr y cwm. A bu tawelwch o fath, er i ambell un a fu'n dawedog yn y cyfarfod ddweud yn ddistaw bach ei fod yn dal i hiraethu am ei gân soniarus.

o bob penblethu poenus?

*

Ceiliog Cwm-bach

Yng Nghwm-bach
mae ceiliog sy'n canu'n iach

o fore gwyn tan nos
fe gred yn ei gân dlos

heb ots am neb arall
a fyn gysgu'n ddiball

heb goc-a-dŵdl-dŵ,
ond wir ar fy llw

daeth yr ardal i dderbyn
ei awydd i ganu'n ddiderfyn.

*

Ymhellach i ffwrdd oddi yno
Rhoddwyd *Asbo* arno

rhag iddo ddeffro'r ardal,
ac eto, onid yw atal

A ddealli di amheuon

Gwên

ceiliog i ganu'n drosedd
yn erbyn ei frwdfrydedd?

Caned y ceiliog fel y myn,
gwyn ei fyd – yn fan hyn.

*

Rhinwedd y ceiliog yw, bardd y tywyllwch yw, rhingyll y
dydd yw, meddyg i'r cleifion yw, gobaith carcharorion yw,
cyfarwyddyd y cyfeiliornwyr yw, gwasanaethwr Duw yw,
llawenydd yr hwsmon yw, cyhuddwr y diog.
– Y Brython, 1860

CWSG AR GERDDED

Pan gafodd waith dros yr haf mewn gwesty glan môr, roedd wrth ei bodd. Roedd ganddi stafell fechan yn yr atig. Pan oedd y tywydd yn boeth, gallai agor y ffenest a chlywed swn y môr – er doedd haid o wylanod sgrechlyd ddim mor ddymunol. Roedd y gwaith yn bleserus a châi amser rhydd yn ystod y prynhawn i fwynhau nofio ynghanol y tonnau. Y nosweithiau oedd waethaf. Y blinder wedi gweini wrth y byrddau, y bwytawyr ffyslyd yn anfon pethau nôl, neu'n newid eu meddyliau funud olaf ynghylch eu dewis ar y fwydlen.

Ond un noson, a hithau'n morio cysgu, deffrôdd i glywed swn dannedd. Rhincian dannedd. Sain rhywbeth yn llusgo ar lawr ac yn greclyd. Yna, wedi cynnau'r golau, gwelodd gannoedd o gocrotsys yn cropian ar lawr ac yn ceisio dringo'r gwely tuag ati. Teimlodd fel pe bai mewn nofel Kafka-esg.

Paciodd ei bacpac. Rhaid oedd dianc. A hynny am y taerai bod y cocrotsys yn dal i'w chwrso. A bod rhyw sain sssss wedi glanio yn ei chlust. Gyrrodd ar garlam ac nid llygaid cathod a welodd ar y ffordd ond llygaid y creaduriaid du yr holl ffordd adre.

*

Gwnaeth Irene Tobler o'r Swistir ymchwil ar bysgod aur a chocrotsys a dod i'r casgliad eu bod yn llonyddu ar ôl gweithgarwch prysur er mwyn cysgu. Canfuwyd bod anifeiliaid i gyd yn cysgu mewn rhyw ddull neu'i gilydd.

*

cri'r eiliad yn chwys yr hirnos?

RHANNU

'Wnei di gysgu gyda mi?'

Daeth y cwestiwn fel bollt. Mudandod.

Mae'r tawelwch yn golygu NA? Ydi e?

Paid â'i gymryd yn bersonol, ond mae e'n gam mawr.

Wel ry'n ni wedi bod yn cwrdd ers sawl mis nawr ac rwy'n gwybod bod dy waith yn dy gadw'n brysur gyda'r nos, ond – hei, ry'n ni'n olreit gyda'n gilydd – y'n ni ddim?

Ond mae yna ambell beth sy'n rhaid inni siarad amdano yn gynta.

Ti'n briod? Yn ffansio rhywun arall neu ...

Na, dim o'r fath beth.

Wel?

Wnei di gymryd un o'r profion yn gynta?

Beth yn y ... Pa fath o ...

Un sy'n monitro dy bersonoliaeth.

Ti'n jocan nawr ...

Prawf syml iawn. Dim byd i boeni.

Dim diolch.

Mae'n beth hollol syml. Fyddi di'n cysgu ...

Hy! Yr hen REM 'na ti'n sôn amdano o hyd ac o hyd ...

Paid ag ymateb fel 'na ... fel gwyddonydd cwsg ...

(*dechrau canu*) Cysga di fy mhlentyn tlws.

Dere nawr.

Ti eisie fi fel arbrawf, 'na gyd!

Na ond mae'r offer nawr ...

Cysgu gyda phethe electronig ar fy mhen. *Rial turn off.*

Ai ti yw'r heriol

Dyw e ddim fel 'na. Ti wedi gweld y labordy ...

Sdim rhyfedd i'r ferch ddiwethaf faglu am ei bywyd – aeth hi ar y slab hefyd?

Gwranda. Un noson dyna i gyd.

One night stand ie? Ond bydda i ar fy nghefn!

Dim ond fi fydd ...

Mae hynna'n fwy sgeri ... allet ti wneud unrhyw beth.

Cysgu dyna'i gyd. Mesur y ffordd rwyt ti'n cysgu fydda i.

Oes dewis 'da fi?

Diolch. Beth am nos Wener?

Noson wedi'r arbrawf

Fe wna i gysgu gyda ti nawr. Aeth yr arbrawf yn dda a finne'n dy nabod nawr yn
ôl y ffordd rwyt ti'n cysgu ... gorwedd fel petaet yn ôl yn y groth ... safle y bru bach, yn
codi dy goesau i fyny. Mae'n arwydd o rywun cydwybodol, trefnus sy'n hoffi pob dim
yn ei le, er yn poeni neu'n gorboeni am bethau a phroblemau ... mae hynny'n naturiol
hefyd. Nawr tase ti wedi cysgu fel plocyn, fel boncyff, y corff yn syth a'r breichiau lawr
bob ochr, person anhyblyg fyddet ti ... amharod i newid dy feddwl a 'styfnig ... mae rhai
pobl yn cysgu gyda'u breichiau ar led fel pe baen nhw'n rhedeg ar ôl breuddwydion,
neu'n cael eu dilyn. Ond does dim byd yn bod ar y bobl hynny, o leiaf maen nhw o ddifri.
Pobl yn dyheu, ond yn rhwystredig, am na allan nhw gyflawni yr hyn yr hoffen nhw ...
wedyn mae yna rai sy'n *'freefallers'*, cysgwyr pendramwnwgl sy'n cysgu wyneb-i-lawr, fel
pe bai nhw'n barod i barasiwtio. Ambell waith, maen nhw'n dal yn dynn yn y gobennydd
fel pe bai'r byd yn dibynnu arno. Fyddwn i ddim am gysgu gyda rhywun fel 'na ...

Ti wedi gorffen nawr?

Dweud ydw i iti basio'r prawf, ac mi wna i gysgu gyda ti.

Ar ôl hwnna i gyd, dwi wedi blino'n lân. Wn i ddim a ydw i ...

---

sy'n haerllug am brintio noethdlws

TOCYN AUR

Pan roddwyd tocyn yn ei law roedd ar ben ei ddigon. Nid y gwyddai lawer am 'ddigon' yn ystod y flwyddyn a fu. Bu farw ei fam, yr unig riant a oedd ganddo. Symudodd ei wraig i fyw at ei chariad, nid cyn iddi wacáu eu cyfrif banc ar y cyd, ac er gweithio nerth deg ewin i ehangu ei gwmni glanhau, doedd dim amdani ond mynd yn fethdalwr.

Cafodd ei hun yn cysgu ar y stryd un noson ar ôl i gyfaill ddweud na allai barhau i gysgu ar y soffa yn ei fflat. A dyna lle y bu'n chwilio gwagleoedd diogel, cilfachau yn y ddinas, a cheisio osgoi twrw llanciau meddw.

Fe allai'r tocyn newid popeth. Cyfle newydd. Byd gwell i fyw, geiriau a gofiai ei fam-gu yn eu canu fel emyn unwaith. Sganiodd drwy'r llyfrau teithiau am rywle y medrai fynd iddo gan gofio mai tocyn un ffordd ydoedd. Clywsai i rai ddychwelyd i'w mamwlad dros y don. Cofiodd sylw un a ddywedodd iddo ddewis Cymru ar ôl clywed côr meibion yn canu '*We'll keep a welcome in the hillside*', a chlywed y geiriau '*If all else fails, try Wales*'. Ond mynnodd hwnnw nad oedd llawer o 'groeso', a'r methiant yn waeth mewn gwlad a oedd yn llawn lleithder a gwlybaniaeth. Cytunodd.

Un bore wrth iddo sychu ei sanau ar reiddiadur y llyfrgell, gofynnwyd yn garedig iddo adael. Cyn mynd allan, gwthiodd un o weithwyr tosturiol y llyfrgell ddarn o bapur yn ei law gan sibrwd, 'Rhowch gynnig arni.' Dyna'r ail gymwynas mewn un bore, meddyliodd. Yn gyntaf, tocyn yn ei law oddi wrth un o weithwyr y Cyngor ac yn awr, cafodd ddarn o bapur gyda'r manylion am waith yn ne Lloegr. Gwaith digon diddorol oedd e hefyd gyda gwyddonwyr cwsg yn monitro fel yr oedd dynion o'r Oes Neolithig yn byw a chysgu yn yr awyr agored. Byddai gwaith

---

ar wasg y dior cyson?

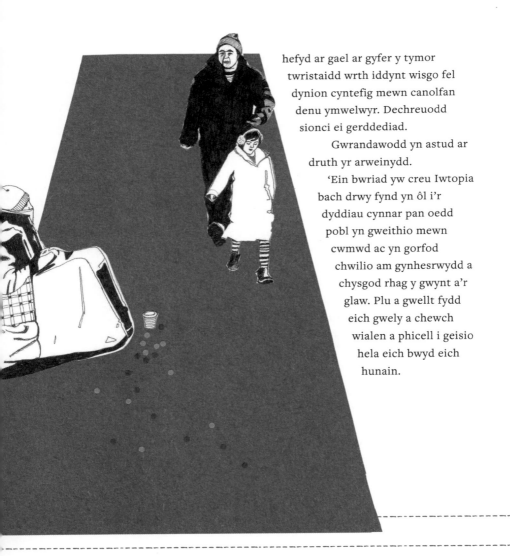

hefyd ar gael ar gyfer y tymor twristaidd wrth iddynt wisgo fel dynion cyntefig mewn canolfan denu ymwelwyr. Dechreuodd sionci ei gerddediad.

Gwrandawodd yn astud ar druth yr arweinydd.

'Ein bwriad yw creu Iwtopia bach drwy fynd yn ôl i'r dyddiau cynnar pan oedd pobl yn gweithio mewn cwmwd ac yn gorfod chwilio am gynhesrwydd a chysgod rhag y gwynt a'r glaw. Plu a gwellt fydd eich gwely a chewch wialen a phicell i geisio hela eich bwyd eich hunain.

Y bwriad yw gweld os gallwn ni ddychwelyd i'r ffordd gyntefig o fyw.'
Arweiniodd hanner dwsin o wirfoddolwyr o gwmpas y tair erw o dir.

'Efallai,' meddai'r rheolwr prosiect, 'na fydd yn arbennig o gysurus drwy'r
amser, ond fe gewch arian *per diem* gyda ni a chyfle i gysgu mewn sgubor foethus
unwaith yr wythnos. Cawod. Pryd o fwyd cynnes. Ond byw fel y bydden nhw
slawer dydd yw nod y prosiect a gweld sut yr ydych chi'n ymdopi gyda chysgu heb
gysuron ystafell wely. Unrhyw gwestiynau?'

Camodd un ymlaen a dweud iddo ailfeddwl am y peth gan gerdded allan o'r
stafell. Dilynwyd ef gan sawl un arall.

Ychwanegodd wedi iddynt fynd, 'Fydd hwn ddim yn gymwys i bawb. Ond i
ailwylltio'r byd a cheisio arbed y blaned, mae'n waith o bwys. Mae digartrefedd
eisoes yn broblem mewn mannau, hyd yn oed yn ein gwledydd cyfoethog ni.'

Edrychodd y gwirfoddolwyr ar ei gilydd. Ymddangosai rhai yn lled betrus, eraill
yn awchu'r her. A phan ddywedodd, 'Iawn,' rhwng cwestiwn a datganiad, clywodd
ei hun yn dweud ar amrantiad, 'Perffaith. Mae'n swnio'n berffaith.'

Edrychodd yr arweinydd arno gan ddweud, 'Dyna'r ysbryd perffaith hefyd.'

'O, mae gen i fwy nag ysbryd, mae gen i brofiad,' meddai wrth frasgamu i'r
swyddfa i dderbyn ei ddillad Neolithig ac yn fwy pwysig fyth – ei gyflog *per diem*
am y diwrnod hwnnw.

Yng nghlust y suo siriol

CYNHESRWYDD

Mae sawl ffordd o gael Wil neu Winni i'r gwely. Dyna a drefnwyd wrth gynnig gwasanaeth 'cynhesu'r gwely,' gan gadwyn o westai fel ychwanegiad deniadol i ddenu lletywyr. Gwneud hwyl a wnaeth y rhan fwyaf o'r wasg wrth ddangos llun o ddau ddyn bob ochr i ddynes mewn gwely yn ceisio cyflawni'r dasg a hynny mewn cobanau gwyn a chapiau gyda thaslau.

Ond ar ddechrau Ionawr, daeth galwadau lu am y fath wasanaeth, llawer ohonynt yn docynnau rhoddion Nadolig. 'Sdim byd gwaeth na chyrraedd stafell wely oer, y gwyntyll wedi ei awyru fel pegwn y gogledd a'r lle fel camu i mewn i oergell,' oedd sylw un darpar westeiwr brwd. Ac felly y bu, gyda bwrlwm am y gwasanaeth a'r 'cyneswyr' yn gorwedd mewn gwely. Gwisgwyd hwy mewn dillad gwyn fforensig rhag i unrhyw groen gyffwrdd â'r gwely.

'Mae gwely cynnes, 20 i 24 Celsiws, yn ffordd dda o hwyluso cwsg,' meddai'r cyhoeddusrwydd newydd.

Yr unig beth a wnaeth oeri'r fenter oedd i westeiwr gyrraedd ei stafell wely un tro a chanfod un 'cyneswr' yn cysgu'n braf, ac o dan ei ên, degan ar ffurf oen bach swci, un o roddion rhad ac am ddim y gwesty. Yr oedd y cysgadur yn wir wedi cyrraedd ei gae nos.

---

rhy dyner wyf i,

PETHAU ADAWYD AR ÔL
MEWN GWESTY

MECSICO 7399km

PARIS 849km

PRÂG 1644km

MONACO 1804km

YR EIDAL 2253km

Ym Mhrâg anghofiodd gŵr ddod i gasglu ei wraig
ar ôl mynd i gasglu'r car o'r maes parcio.

Yn Washington, gadawyd neidr mewn baddon ac
ni sylwodd y sawl oedd yn aros yn y stafell arni
nes iddo gamu yn noethlymun i mewn ati.

WASHINGTON 8518km

Ym Mharis, gadawyd
cwdyn o falwod byw wrth
erchwyn y gwely.

Ym Mecsico, daethpwyd o hyd i ffrog briodas yn
hongian mewn wardrob a'r pris arni o hyd.

Ym Monaco, cerddodd y glanhawyr i mewn i
stafell a'i llond o flodau, palmwydd, a'r rheiny
gerllaw pistyll bychan yn llifo'n fodlon.

Yn yr Eidal, cafwyd gwisg lleian wedi ei gadael ar
ddŵfe'r gwely, a phecyn o sigarennau yn ei hymyl
ynghyd â photel whisgi wag a minlliw coch.

MATRES

'Oeddet ti'n gwybod dy fod yn colli hanner peint o hylif bob nos wrth gysgu?'

Agorodd ei lygaid i weld ei bartner yn darllen cylchgrawn iechyd.

'Dw i ddim wedi gweld ei eisie.'

'Nid dyna'r pwynt,' meddai. 'Ac yn colli hanner cilogram o groen bob blwyddyn.'

'Lwcus bod gen i ddigon i sbario,' meddai'n goeglyd.

'Darllen y cynnig hwn,' meddai wedyn, cyn ei sgathru hi am y gegin.

*

Yr oedd wedi trefnu'r cyfan cyn iddo hwylio'i frecwast. Wedi mynnu bod angen matres newydd ac y dylai fod yn 10–15 cm yn hwy na'r person talaf gan eich bod, yn ôl y daflen, yn cynyddu mewn taldra o un fodfedd yn ystod cwsg oherwydd ailhydradu y disgiau cefn.

'Deng mlynedd y dylai matres bara.' Mwy nag ambell briodas, meddyliodd.

'Dylai adael dy gefn i orwedd yn naturiol – siâp S. Ac mae'r cynnig yma'n rhy dda i'w golli,' meddai.

Taflodd y daflen ato gan fynnu iddo edrych ar y fargen.

'Cewch gysgu ar y matres am 100 noson cyn penderfynu a ydych am ei brynu neu beidio. Meddylia.'

is yr amdo

'A – dere nawr. Mae yna dwyll yn rhywle, siŵr o fod,' meddai wrth sleifio allan o'r gwely.

'Nag oes. Does dim, achos mi wnes i ffonio ac mae'r matres yn cyrraedd ddydd Gwener.'

Weithiau, roedd bod yn ddistaw yn talu ffordd pan âi'n fater o drafod. Hyd yn oed os oedd hi'n fater o 'dalu' yn y diwedd.

*

Roedd y matres newydd yn nefolaidd. Cyfaddefodd e na fu cwsg melysach erioed na'r nosweithiau cyntaf hynny. Yn hwyrnosol, aethant i'r gwely yn gynt er mwyn ymollwng i'w foethusrwydd. Dyma beth oedd hawddfyd meddyliodd y pâr, a'r naill fel y llall yn ymhyfrydu yn y matres a oedd fel bod ar fôr llyfn mewn cefnfor glas yn rhywle. Prynodd orchudd dŵfe gyda thonnau'r môr arno er mwyn byw'r ffantasi. Cysgent yn noethlymun er mwyn teimlo ychydig yn nes at ffeibrau'r matres ac am iddynt ddarllen fod cysgu'n noeth yn fwy iach na chysgu fel arall.

Bu'r matres yn gymwynaswr mawr a lwyddodd i'w hudo i'w hunfa yn fendigedig. Rhoddwyd enw arno hyd yn oed, sef y Diddanydd.

Aeth wythnosau'n fis a'r mis yn fisoedd. O bryd i'w gilydd deuai ebost yn holi am ei hynt. A oedd yn plesio? Atebodd sawl tro gyda 'gwych' er i'r cwmni roi nodyn gyda'r holiad, am y dull o dalu. Yna un dydd, sylwodd ar y neges mewn print bowld du yn nodi bod yr amser yn agosáu cyn gorfod talu. Bryd hynny, dechreuodd ailfeddwl. Wrth fynd i'r garej, twriodd o dan y geriach yno a dod o hyd i'r hen fatres. Roedd yno o hyd. Oedd wir. Yn rhad ac am ddim.

i'r dynwared am yr uno sy'n llesmeiriol

*

'Chysges i ddim cystal neithiwr,' meddai un bore, 'na'r noson gynt.'
Cytunodd. Gobeithiai na welai'r bwlch yn y garej, am dipyn.

*
Gwarchodydd cwsg
nid ei aflonyddwr.
– Freud
*

- -

adenydd diafol, gwedd lân angelito

- -

NOSON HWYR

Un noson wrth lechu mewn cornel fechan yn y siop lyfrau, heb yn wybod iddi, cafodd ei chloi i mewn. Y golau'n diffodd a wnaeth iddi sylweddoli bod ei byd wedi mynd yn dywyll. Ar ei phen ei hun. Un person bach ar ôl mewn siop lyfrau tri llawr. Yn ffodus iddi, roedd ganddi fflachlamp ynghlwm wrth allweddi ei char. Roedd dewis syml ganddi—ffonio i gael ei hachub neu aros yno nes i'r siop agor yn y bore. Doedd neb yn ei disgwyl i gyrraedd adre, ar wahân i'r gath, ond roedd wastad mwy na digon o fwyd yn ei phowlen. Ac wrth feddwl am fwyd, ymbalfalodd am y bar enfawr o siocled yn ei phoced a'r botel ddŵr a gariai'n feunyddiol yn ei bag.

Anadlodd ryddhad. Roedd mannau gwaeth i fod tan glo. Yn awr, roedd doethineb yr oesoedd ar y silffoedd o'i blaen. Ond ble oedd dechrau? Cerddodd heibio'n chwim i'r silff lyfrau ar goginio ac yna, fe'i hudwyd gan y toreth o lyfrau oedd ar gael yn ymwneud â thawelwch ac unigrwydd. Doedd dim pall ar lyfrau yn rhestru'r pethau y dylid eu gwneud cyn marw. Y can lle, y can peth, y can pryd bwyd. Diflastod yn wir. Yna, daeth ar draws sawl llyfr am gwsg a'i ddirgelwch: *The Mystery of Sleep*, Meir Kryger; *Why we Sleep*, Mathew Walker; *Sleepfaring*, Jim Horne; *On not being able to sleep*, Jaqueline Rose; ac *Insomnia*, Marina Benjamin. Roedd gweld dwsinau o lyfrau ar yr un pwnc yn ei gwneud yn benysgafn. Dilidaliodd rhwng Freud a Jung, un yn fynydd iâ o seicolegydd a'r llall yn un a blymiai i'r dyfroedd o gysgodion oddi tano. Daeth ar draws clasur erotig a waharddwyd yn Tsieina *The Embroidered Couch* gan Lu Tiancheng o'r ail ganrif ar bymtheg a theimlodd ei thymheredd yn codi. Gollyngodd y llyfr a brasddarllen hanes *Pillow Book of Sei Shonagon* a luniwyd yn Siapan dros fil o flynyddoedd yn ôl. Ond drysodd wrth droi dalennau'r clasur ac roedd fel sglentio cerrig dros ddŵr.

---

am ysu cnawd cynnes.

Diflannodd yr oriau rhwng ei dwylo. Roedd ei wybodaeth mor fylchog. Pe byddai i aros bob nos yn y lle hwn, siawns na fyddai'n fwy dysgedig?

Pan ddeialodd am gael ei hachub, ni allai'r achubwyr ddeall pam y bu cyhyd cyn eu galw gan gydymdeimlo â'i chaethiwed anffodus? Ac i'w digolledu am gael ei chloi yn y siop cafodd docyn llyfr gan y cwmni gyda diolch am roi'r syniad iddynt o wneud noson arbennig 'aros i mewn dros nos' gyda gobenyddion a blancedi, fel rhyw fath o '*sleepover*' i oedolion.

Cofiodd sylw ei mam-gu mai'r lle gorau i gwrdd â phartner oedd mewn siop lyfrau. Siawns na fyddai rhyw lyfrbryf unig fel hi yn awchu am ymuno mewn *sleepover*. Gwenodd wrth geisio trosi'r gair i'r Gymraeg – *cwsg dros* – neu *cwsg drosodd*. *Cwsg am dro* efallai, neu hwyrach y gallai ennill cariad, a maes o law – lyfrgell hefyd.

> *
> Mae 'na amser
> i eiriau ein drysu,
> ac amser i dewi
> a chysgu.
> *

Cymell wna'r ildiad oesol

PERTHYNAS AP-NEA

Roedd yn gysgwr heb ei ail; weithiau'n chwyrnu fel tractor taenu silwair, dro arall yn canu crwth fel cath yn canu grwndi, neu'n gweithio swigod cyn anadlu'n ddwfn a'u chwythu. Mae'n crensian ei ddannedd fel pe bai'n bwyta taffi cyn gwneud seiniau fel tase'n taflu llechi. Y dewis oedd gwely sbâr, os oeddem i barhau fel pâr. Ond daeth teclyn *snorekil*, ei osod yn ei geg, a chysgodd mor dawel â babi blwydd wedyn, heb na chwyn na rheg.

*

GWELY METEL

Wedi i rai ddychwelyd ceir a logwyd, heb arwydd i'r un filltir ymddangos ar y cloc, sylweddolodd y cwmni eu bod yn eu llogi er mwyn cael cyntun bach. Gellir galw'r rhain yn gerbydau cwsg bach byr. Bydd rhai yn bwyta eu cinio ynddynt hefyd, neu'n cael egwyl fer oddi wrth eu gwaith a'u dyletswyddau beunyddiol.

rhwng llesgedd a llosgi.

CYMRYD Y GOES

Pan giciodd ei wraig ef allan o'r gwely am y pumed noson o'r bron, roedd y ddau yn gwybod bod eu priodas ar ben.

'Mi allwn i dy riporto di am fy ngham-drin,' meddai ei wraig wrth adael y tŷ gan ychwanegu, 'Rhaid i bethau newid.'

'Nid arna i mae'r bai,' meddai hwnnw'n llywaeth.

'Falle i ti gredu dy fod ti'n cicio dros Gymru ond rwy'n gwrthod bod yn bêl iti.'

Wedi iddi adael, cydiodd yn ei ffôn. Gwyddai y byddai'n rhaid iddo gadw at yr apwyntiad. Cuddiodd y llythyr oddi wrthi dro yn ôl gan obeithio y byddai pethau'n gwella.

Ar y ffôn clywodd ei hun yn cadarnhau'r dyddiad a'r amser a'r llais ar yr ochr arall yn dweud, 'Mae e'n brawf syml iawn.'

Gadawodd nodyn ar fwrdd y gegin i ddweud y byddai'n datrys eu problem ac yr âi am rai dyddiau i aros at ei fam.

Ddyddiau'n ddiweddarach, cysgodd o dan oruchwyliaeth – gyda gwifrau a sensorau yn ei ben, yn monitro ei symudiadau tra oedd yn cysgu.

'Achos perffaith o RLS,' meddai'r doctor. *Restless leg syndrome*; mae eich coesau'n mynd am dro o hyd ac o hyd.

Meddyliodd am y garol *Cwsg am dro.*

Wythnos yn ddiweddarach, roedd ef a'i wraig yn cysgu yn yr un stafell ond mewn dau wely sengl gylfin â'i gilydd. Ac wedi dweud nos da, aeth y ddau i gysgu yn dal dwylo ei gilydd.

Doedd dim byd o'i le ar ei law.

Dy gosi di-gwsg yn trwsglo

---

*

Mae mwy a mwy o barau heddiw yn cysgu mewn stafelloedd ar wahân – yn enwedig y rhai sy'n gweithio oriau shifft nos neu'n gorfod codi'n gynnar yn y bore.

'Slawer dydd roedd priodi, a noson y briodas, yn ddigwyddiad symbolaidd, ond heddiw, gyda chynifer yn cyd-fyw eisoes, pam cadw at un gwely pan fuoch unwaith yn ddau unigolyn?

'I gael cwsg da, cysgwch ar wahân,' yw'r gred.

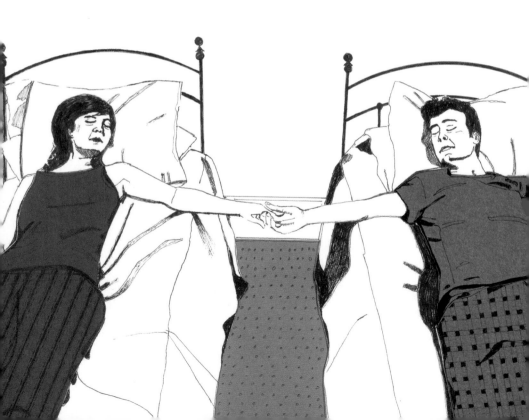

AWYR LAS

Gall lladrata o dai fod yn waith blinedig. Wedi sleifio i mewn i dŷ crand, datgloi'r drws gyda'i weiren ryfeddol, chwilio'r drorau'n dawel rhag deffro'r cysgaduriaid i fyny ar y llofft, gwelodd ei gyfle euraid wrth adael. Yno, yn y cyntedd, mewn powlen, roedd allweddi car crand BMW y tu allan i'r drws ffrynt. Canmolodd ei hun am ei lwc dda yn dewis y fath dŷ. Jacpot, meddai wrtho'i hun cyn llwybreiddio ar ddistaw duth a datgloi'r larwm yn ofalus. I mewn ag ef i sedd y gyrrwr. O am sedd foethus, oedd ei atgof olaf.

Deffrôdd i sŵn anferthol yn ei ymyl. Cnoc ar ffenest drws y gyrrwr. Yno, gyda glas y dydd roedd dyn mewn glas – plismon a pherchennog y car yn syllu'n sarrug. Gwawriodd arno. Roedd hi'n olau dydd y tu allan.

'Noson hwyr,' meddai'r plismon wrtho.

Yn y llys, yn ei amddiffyniad, nodwyd bod ganddo gyflwr a olygai ei fod yn byw ei freuddwydion ac yn cerdded yn ei gwsg nes credu ei fod gartref yn ei dŷ ei hun. Dadleuodd y bargyfreithiwr y dylai fynd i glinig cwsg i gael gwella o'r cyflwr anffodus.

'Anffodus iawn,' oedd ymateb y barnwr hefyd ac yn lle triniaeth, cafodd garchar gyda'r sylw y câi ddigonedd o amser i gysgu'n iawn yn y fan honno a barrau i'w gadw tan glo.

o dan fwslin rhyw fysedd sy'n orchfygol.

GWESTY I'R GATH

Roedd y gwesty pum seren wedi cael broliant gwych fel y man gorau yn y wlad i gysgu. Roedd popeth y byddech yn ei ddymuno yno ar gyfer bwrw'r penwythnos; gwely pedwar postyn, teledu 42 modfedd, gobenyddion o blu gwyddau, y goleuadau isel angenrheidiol, waliau'n llawn gweithgareddau, a changhennau dringo. Byddai bwyd à la carte yn cael ei weini a hyd yn oed pecyn *VIP Spa* fel rhan o'r fargen.

Pan dalodd am y gwasanaeth, rhoddodd gildwrn gan ddweud i'w gath fwynhau'r profiad yn fawr iawn, ac y byddai'n dychwelyd â hi yno unwaith eto yn y flwyddyn newydd.

*

Ydy'r cathod
yn breuddwydio
am ddal llygod?

*

Ddieithryn annwyl,

DARO TARO

'Hen dro,' meddai hwn ac arall. 'Dylem brynu cloc larwm iddo.'

Roedd colli angladd un o'i aelodau ffyddlonaf am na allai neb ei ddeffro yn fwy na digon i anesmwytho ei gynulleidfa.

Fis yn ddiweddarach, cafwyd priodfab yn aros yn yr eglwys, nid am y briodferch ond am y ficer i'w priodi.

Daeth hwnnw, wedi i un o'r gwesteion fynd ar garlam i'r ficerdy. Brasgamodd y ffeirad o'i wely i'r lôn heb hyd yn oed amser i lanhau ei ddannedd nac eillio.

Suliau wedyn, cododd yr un broblem. Y gynulleidfa yno'n brydlon yn magu dwylo yn eu seddau. A dim golwg o was Duw ar gyfyl y lle.

Daeth y mater i ben mewn cyfarfod arbennig gyda'r ficer yn egluro ei broblem. 'Pwy yn y byd feddyliodd am gael ficerdy mor agos i'r eglwys gyda'r cloc yn taro bob chwarter awr drwy'r nos ar ei hyd. Dyna pam rwy'n cerdded y llofft yn crefu am gwsg.'

Awgrymwyd iddo ymchwilio i'w broblem. Ond mynnai un aelod y dylai lawenhau o gael ei ddeffro. Cofiwch mai adeg o wyliadwriaeth oedd deffro slawer dydd i'r mynachod.

Cytunodd un a dweud 'Mae'n rhoi cyfle ichi glywed llais Duw yn siarad â chi fel Eleias gynt. Neu Joseff, neu ...'

Dechreuodd rhai gynhyrfu a dangos eu gwybodaeth eang o'r Beibl a'r rhai a glywsai Duw yn eu cwsg.

Gwelodd y ficer ei fod yn colli'r dydd ac meddai, 'Rhaid i'r cloc dawelu.'

Bu distawrwydd anesmwyth. A dyma un yn dweud yn ddidaro,

'Nid ar chwarae bach mae atal cloc yr eglwys rhag taro.'

mor fflamddwyn dy groeso dyfal

Dechreuodd rhai gydsynio gan sôn am y melltithion y gellid ei roi arnynt fel eglwys. Adroddwyd am ddefaid yn diflannu, am wartheg yn colli lloi.

Yn y diwedd, penderfynwyd ar refferendwm. I setlo'r mater am byth. Cadw'r cloc neu adael i'r ficer fynd i ...

Yn anffodus, cafwyd 48% o blaid ei gadw ef a gwaredu'r cloc a'r 52% am ei weld yn gadael y plwy.

Bu'r ysbryd Cristnogol a'r ewyllys da ar goll am dipyn wedi hynny. Ond mae'r cloc yn parhau i daro'r chwarter ar dŵr yr eglwys.

COLLED

Pan brynodd sach gysgu i'w chariad ar ddydd ei ben-blwydd gwyddai mai ef oedd yr enaid hoff cytûn. A chostiodd yn ddrud. Gallai fod wedi dewis un rhad, tenau ond roedd hon yn llawn plu gwyddau ac yn hynod liwgar, rhyw fwstard cynnes. Unigryw. Welodd hi mo'i thebyg mewn siop wedyn, rhaid ei bod fel ei chariad, yn anghymarus.

Dyna pam y teimlodd mor ddig ato am ei adael mewn rhyw brotest fawr yn Llundain yn erbyn trachwant y banciau. Nid ei adael drwy anghofio amdani ychwaith, ond ei gadael ar gyfer y criw newydd o brotestwyr a ddeuai y diwrnod wedi iddo adael.

'Daw nôl, paid â phoeni' meddai wrthi, 'paid â bod mor faterol.'

Cariad â'i ddelfrydau'n llawn daioni tuag at y ddynol-ryw ydoedd, rebel hapus dros sawl achos da. 'Meddylia am yr achos,' meddai.

Ond meddwl am yr achos o wario arian grant coleg yn un swm anferthol am y sach gysgu ragoraf mewn bod oedd ar ei meddwl hithau.

Ddyddiau wedyn, daeth y protestiadau i ben ac er holi'n gynnil am y sach gysgu, ei ateb swta oedd 'Ar y ffordd.' Gollyngodd y testun llosg gan dderbyn i'r 'ffordd' droi'n ddisberod. 'Yr achos' oedd yr oll a glywodd.

*

Dau ddegawd wedi'r digwyddiad, cafodd ei hun yn aros dros nos yng nghartref cyfaill i gyfaill wedi iddi gwyno mor ddiflas oedd gorfod aros mewn llety gwely a brecwast. Dywedwyd wrthi y byddai wrth ei bodd yn rhoi allwedd y fflat iddi gan y byddai, beth bynnag, i ffwrdd yn sgio. Casglodd yr allwedd gyda'r cymydog drws nesa.

am ddethol,

Pan orweddodd yn y gwely y noson honno – teimlai'n falch o'r llonyddwch mewn fflat hyfryd a edrychai dros y bae. Beth gwell na chael gwely cysurus nid nepell o'r cyfarfod y bore wedyn? Chwarae teg iddi, meddyliodd, am ymddiried ynddi gyda'r neges groesawgar i wneud ei hun yn gartrefol.

Wrth iddi ddiffodd y golau bach wrth ymyl y gwely, digwyddodd sylwi ar fwndel oedd wedi ei osod yn ddestlus ar ben y wardrob. Sach gysgu. Un o liw mwstard. Edrychodd eto cyn mynd i ben cadair a'i theimlo. A! Plu haid o wyddau. Yna chwiliodd i weld a oedd nam y tu mewn iddi – man lle roedd pwythau wedi llacio yn y leinin a sgathriad fechan ger y pwythau. Ai hon oedd hi? Cafodd ostyngiad oherwydd y nam. Oedd, roedd nam yno. Gwasgodd hi tuag ati gan gofio'r wefr o'i phrynu.

Yn sydyn, nid rhywbeth a gollwyd oedd hi, ond darn ohoni a wasgarwyd. Roedd holl hanes ymgyrchu yn erbyn materoliaeth ynghlwm yn y sach. Ac onid hi oedd berchen arni. Yn awr, roedd yng nghartref un na wyddai ei hanes, na'i rhin. Un heb ddeall y cwlwm emosiynol chwaith. Rhaid bod perchennog y fflat wedi bod yno, yn Llundain, yn rhan o'r brotest ac wedi ei chadw. Lleidr oedd hi. Un na wyddai ei bod wedi ei dal – nid yng ngolau dydd ond gerfydd nos. Roedd ei haelioni wedi pennu ei heuogrwydd.

Beth ddylai hi ei wneud? Gwingodd wrth roi'r sach yn ôl ar ben y wardrob. Nid hi oedd ei phiau hi bellach. 'Pa lesâd i ddyn os cyll' ... hwnna i gyd ... Cysgodd yn aflonydd nes penderfynu ailgydio ynddi a'i gosod fel cwrlid dros y gwely fel y câi gysur ohoni, am un noson o leiaf. Un noson olaf. Efallai?

Fore trannoeth, gwelodd neges ar fwrdd y gegin yn dweud wrthi i ddewis yr hyn a fynnai. Brecwast wrth gwrs. Nid gwahoddiad i ddwyn y sach mohono. Gadawodd neges gwrtais ond cwta yn diolch am y croeso.

---

hyd y dathlu.

Ar y trên adre i'r gogledd y noson honno, agorodd focs siocledi, un yr oedd wedi bwriadu ei adael yn gydnabyddiaeth am ei llety unnos. Fe'u bwytaodd fesul un. Cysgodd yn braf y noson honno o wybod i'r sach o leiaf ddychwelyd o Lundain yn wahanol i'w chyn-gariad a'i bartner, a ymgartrefodd yn y brifddinas honno. Go brin y cofiai ef am ei rhodd 'faterol' yn nyddiau llwm myfyrwraig. Weithiau, roedd gollwng rhywbeth yn taflu goleuni newydd ar 'bethau'. Pa eisiau sach gysgu oedd arni a serch at ei chariad wedi oeri.

PROFI

Haerodd iddo gysgu mewn 80 gwely yn ystod ei fywyd. Doedd neb yn ei gredu. Dywedodd fod ganddo lyfr bach a phob tro yr âi i westy, byddai'n nodi'r fan a'r lle a'r dyddiad a hyd yn oed yn tynnu llun o'r gwelyau. Y peth cyntaf a wnâi wrth gyrraedd gwely newydd oedd edrych ar ansawdd y matres, ei droi os oedd raid, edrych ar fwrdd pen y gwely. Yna, gwasgu ei fysedd i mewn i'r gobennydd. A oedd o blu, ffeibr neu ddefnyddiau synthetig? A'r cynfasau am y gwely – a oedden nhw 100% o gotwm, satin, bambŵ? Roedd pob manylyn yn cyfri yn ei wyddoniadur gwelyau.

Ond pam wyth deg? Pam stopio gydag wyth deg, holodd ei gyd-weithiwr yn y ffatri, rhwng gwnïo dau linyn ynghyd.

'Wel,' meddai, 'roedd yna lyfr o'r enw *Around the World in 80 Days*, ac i fi mae'r byd i gyd yn perthyn i'r gwely. Does dim rhaid teithio i bob rhan o'r byd, achos fe allwch orwedd ar wely a chael eich cario ben bore neu ar ddiwedd dydd i ben draw'r byd a nôl erbyn amser cinio neu frecwast, os hoffech. A beth bynnag, rwy i yn y lle iawn gan mai gwelyau yw ein busnes.' Byddai wedi bod yn well gan ei gyd-weithwyr pe bai wedi meindio ei fusnes ei hun yn lle paldaruo o hyd am welyau.

Ni allai ei ffrindiau benderfynu ai ei waith yn y ffatri welyau oedd yn gyfrifol am y fath obsesiwn, neu ai ffoli ar welyau a wnaeth iddo fynnu gweithio yno yn y lle cyntaf?

Daeth yr ateb un bore Sadwrn pan glywyd am ei arestio mewn gwesty yn y wlad, gan honni bod yn arbenigwr rhoi cyngor ar welyau a'u matresi. Fe'i ddaliwyd ar ôl i blismones, oedd â'i gŵr yn yr un gweithle ag ef, fynd i gynhadledd yr heddlu yn yr un gwesty lle roedd e'n aros.

Clywodd y derbynnydd yn dweud wrth gyd-weithiwr fod yr arbenigwr ar welyau i'w osod yn yr ystafell orau, yr un ar gyfer pâr mis mêl. Daeth y *conman* i ben deithio'r byd.

Hyn yw gyrfa dynolryw.

Lled wrthod.

*

Dywed ambell arbenigwr
bod 80 cyflwr sy'n ymwneud
â chwsg tra dywed un
arall mai 70 aflwydd sydd.
Hwyrach bod yna rai i'w
darganfod eto, rhai sydd heb
enw arnynt hyd yn hyn.

*

*

Mynnodd Thomas Mann
y gallai gofio yn glir pob
gwely y cysgodd ynddo –
galwodd y gwely'n
gragen gocos hudol.

*

Ymollwng i'r unnos ddihafal. 🐜

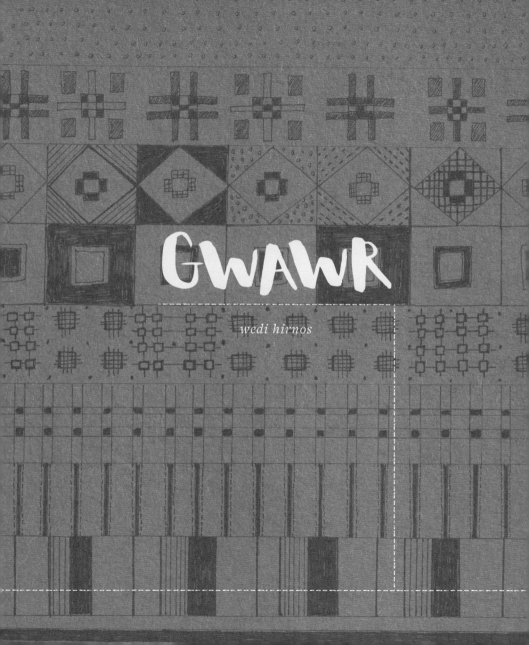

GWAWR

wedi hirnos

*

Mae gan awel y wawr
gyfrinachau i'w rhannu,
peidiwch â mynd nôl i gysgu.

– Rumi

*

*

Nid yw deffro'n gynnar yn y bore bach yn
rhywbeth i boeni amdano. Ganrifoedd yn ôl,
byddai pobl yn arfer cael dau gyfnod o gwsg
ac yn deffro yn yr oriau mân i ganu mawl i
Dduw, i weddïo, cwblhau tasgau, neu i gael
rhyw. Yna, daeth y Chwyldro Diwydiannol a
phawb ar daranau wrth fynd i'r gwaith am
oriau maith. Heddiw y Chwyldro Technolegol
sy'n cadw llawer ar ddi-hun, y 'tabled' o dan
obennydd â golau glas yn wincio ar ein byd
24/7. A newyddion llosg ddydd a nos, yn llosgi
tân mud ein meddyliau. Oes rhyfedd y bydd
rhai'n ei chael hi'n anodd i ddiffodd ...
ac i ymdawelu.

*

DEFFRO

Er darllen nifer o lyfrau yn trafod y cyflwr cwsg, ni theimlais yn ddigon eofn i chwilio am rywun a fyddai'n medru dadansoddi fy nghyflwr. Efallai mai arswyd a'm cadwodd draw, fel person unigolyddol sy'n coleddu preifatrwydd. Ofn dadwisgo'r meddwl.

Ond penderfynais ar ôl cwblhau'r llyfr i anfon gair at Dilys Davies, un sy'n arbenigwraig fyd-eang yn y maes hwn. Astudiodd a thrin cannoedd o gleifion yn ystod ei gyrfa. Yn annisgwyl bron, agorodd gist y meddwl mewn orig fer.

*

Flynyddoedd yn ôl, prynais lyfr ar anhunedd. Feddyliais i fawr am enw'r awdur bryd hynny oherwydd fy awydd i ddarllen *Insomnia* am ddiffyg cwsg a gwella fy hun o'r cyflwr hwnnw. Clywais enw Dilys o sawl cyfeiriad yn ystod 2018 wrth i rai ymateb i'r llyfr yr oeddwn ar ganol ei ysgrifennu gan ei henwi fel awdurdod yn y maes; seicolegydd ac arbenigwraig ar gwsg. Arloesodd yn y maes hwnnw a thrin cleifion cyn i rai sylweddoli effaith ddifrifol diffyg cwsg ar ein cymdeithas. Bu'n ymgynghorydd gyda Sefydliad Iechyd y Byd a theithiodd i bedwar ban i drafod y maes. Cychwynnodd ei diddordeb pan anfonwyd hi i Efrog Newydd i ymweld ag un o'r clinigau cwsg cyntaf i gael eu sefydlu. Maes o law, daeth yn enwog wrth drin a gwella cleifion.

Mae'r gyfrol fechan *Insomnia: a self help guide* yn dal i werthu'n dda o Awstralia i'r Unol Daleithiau a llyfr arall ganddi am fodelau o seicoleg wedi ei gyhoeddi'n ddiweddar mewn Mandarin. Gwnaeth sawl rhaglen deledu ddogfennol yn y nawdegau pan oedd y pwnc yn gymharol ddieithr i lawer. Cafodd ei hyfforddi gan un a fu'n ddisgybl i Jung ei hun.

Breuddwyd Jung
am y golomen yn
troi'n ferch.

Ar ôl cysylltu â Dilys ei hun, trefnom gyfarfod, i drafod 'cwsg', a hynny yn siop Tre-saith. Cawsom sgwrs am Freud yn helpu Mahler gyda'i anhawster i gyfansoddi, a thrafod Jung a'i freuddwyd am y golomen fechan sy'n troi i fod yn ferch ifanc.

Ni allwn lai na meddwl a oedd Dilys yn fy seicdreiddio innau'n dawel bach – gan dwrio i'r ego a'r isymwybod personol. A cholectif. Tebyg mai cleifion ar antur i chwilio am gyfandod ydym ni oll, a'n breuddwydion yn ein tryloywi yn fwy nag y carem ei gydnabod i'r rhai sydd wedi eu hyfforddi i ddeall ein meddyliau cuddiedig.

*

A wyddoch chi beth sy'n
rhyfedd? Chysgais i erioed yn
well nag wrth ysgrifennu'r
llyfr hwn. Efallai bod
ysgrifennu am y pwnc wedi fy
rhyddhau o afael anhunedd,
a'm brasnaddu fel therapydd
hun ar fy liwt fy hun.

Amser i 'Cwsg am dro'
i fynd i'w wely.

*

...AC YN ÔL

*

Efallai wrth ddarllen
hwn eich bod mewn
breuddwyd neu'n
synfreuddwydio. Sut
ellwch chi brofi, y foment
hon, nad breuddwyd yw
eich bywyd. Platon piau'r
sylw pan ddywedodd ef, a
doethinebwyr eraill ar ei
ôl, y gallem fod yn deffro
heddiw a'r byd cyfan yno'n
barod wedi ei fyw neu
fodoli hebom.

*

MENNA

Darlun yn seiliedig ar ffotograff gan John Briggs.

Bardd a dramodydd sydd wedi cyhoeddi pedair ar ddeg cyfrol o farddoniaeth. Cyhoeddodd *Optimist Absoliwt*: cofiant i Eluned Phillips, gyda gwasg Gomer yn 2016 a fu ar restr fer Llyfr y Flwyddyn 2017.

Mae Menna bellach yn Athro Emerita o Brifysgol Cymru Y Drindod Dewi Sant, lle bu'n gyfarwyddwr Ysgrifennu Creadigol am ddeunaw mlynedd. Bu'n Fardd Plant Cymru yn 2002–3. Mae'n llywydd anrhydeddus Wales PENN Cymru, ers 2014.

SARAH

Ganwyd Sarah Williams yn Sir Benfro ac
ar ôl cwblhau cwrs sylfaen yng Ngholeg
Celf Caerfyrddin aeth ymlaen i astudio
B.A yn y Celfyddydau Cain ym Mhrifysgol
Aberystwyth. Cafodd ei gwaith ei arddangos
mewn nifer o orielau ar draws y D.U.

Yn ddiweddar dechreuodd arbrofi gyda
cherddoriaeth ac animeiddio.

Mae hi'n byw mewn ysgubor sinc ger
Keeston gyda'i gŵr Tim, dau sbaniel o'r
enw Fish a Bird, ac 17 dafad!

CERDDI

Menna Elfyn, *Murmur*,
Murmur (Bloodaxe Books, 2007)
www.bloodaxebooks.com

Menna Elfyn, *Bondo*,
Bondo: Bilingual Welsh-English Edition, cyf. Elin ap Hywel, Gillian Clarke et al.
(Bloodaxe Books, 2017)
www.bloodaxebooks.com

Menna Elfyn, *Cysgu ar ei thraed, Drws Nesa, Cysgu gyda Mussolini, Codi Llen*,
Perffaith Nam (Gomer, 2005)
www.gomer.co.uk

Menna Elfyn, *Galwad y Llenni*,
Aderyn Bach Mewn Llaw (Gomer, 1990)
www.gomer.co.uk

Menna Elfyn, *Chwedl Teyrnon / Mab a Roddwyd*, **Buarth Beirdd** (Barddas, 2014)
www.barddas.cymru

Mae *Man-Tra Cwsg* yn gerdd newydd gan Menna ei hun sydd wedi'i hysbrydoli
gan waith o **Salmau Cân Newydd**, *Gwynn ap Gwilym* (Gwasg Gomer, 2008)
www.gomer.co.uk

*Mae'r cerddi uchod yn ymddangos trwy ganiatâd caredig y gweisg a'u cyhoeddodd
yn wreiddiol.*

DIOLCH

Diolch yn fawr iawn i:
Sarah Williams,
i'r dylunydd, Heidi Baker,
ac i'r golygydd, Catrin Wyn Lewis.

Diolch hefyd i'r llu o awduron o
Freud i Jung, Benjamin, Bachelard,
Guy Leschziner, Dilys Davies, Jacqueline Rose,
Alice Robb, Paul Martin, Stanley Coren,
Robin Royston, Annie Humphries,
Meir Kayger, Yvonne Harrison, Jonah Lehrer,
Jeff Warren, Matthew Walker, Jim Horne,
Jacob Empson, Lisa Varhdi, Peretz Lavie,
Leon Edel, Dr Chris Idzikowski,
Oliver Sacks, a Marina Benjamin.

Diolch yn arbennig i
Lee Hadwin am ei haelioni.

COFIWCH
EICH
BREUDDWYDION

x